Anonymous

Jahresbericht über das Großh. Lyceum zu Heidelberg am Schlusse d. Schuljahres 1862-63

Anonymous

Jahresbericht über das Großh. Lyceum zu Heidelberg am Schlusse d. Schuljahres 1862-63

ISBN/EAN: 9783743455870

Hergestellt in Europa, USA, Kanada, Australien, Japan

Cover: Foto ©ninafisch / pixelio.de

Manufactured and distributed by brebook publishing software (www.brebook.com)

Anonymous

Jahresbericht über das Großh. Lyceum zu Heidelberg am Schlusse d. Schuljahres 1862-63

Jahresbericht

über das

Grossh. Lyceum zu Heidelberg

am

Schlusse des Schuljahres 1862—63.

Als Einladung

zu den auf den 13., 14., 17., 18. und 19. August

bestimmten

öffentlichen Prüfungen und feierlichem Schlussacte.

Mit einer wissenschaftlichen Beigabe von Professor Helferich: Zwei Schulreden und Bemerkungen pädagogischen Inhalts nebst Aphorismen aus dem Grenzgebiete der Theologie und der klassischen Alterthumswissenschaft.

HEIDELBERG.
Druck von A. H. Avenarius.
1863.

Jahresbericht

über das

Grossh. Lyceum zu Heidelberg

am

Schlusse des Schuljahres 1862—63.

Als Einladung

zu den auf den 13., 14., 17., 18. und 19. August

bestimmten

öffentlichen Prüfungen und feierlichem Schlussacte.

Mit einer wissenschaftlichen Beigabe von Professor Helferich: Zwei Schulreden und Bemerkungen pädagogischen Inhalts nebst Aphorismen aus dem Grenzgebiete der Theologie und der klassischen Alterthumswissenschaft.

HEIDELBERG.
Druck von A. H. Avenarius.
1863.

Inhalt.

I. Historisch-statistischer Bericht.
    A. Chronik.
    B. Statistische Uebersicht.
    C. Stand der Lehrapparate.
    D. Stipendien und Stiftungen.
II. Gegenwärtiger Stand des Personals des Lyceums.
III. Abgehandelte Lehrgegenstände.
IV. Ordnung der Prüfungen.
V. Verzeichniss der Schüler.

I. Historisch-statistischer Bericht.

A. Chronik.

1. In dem nun seinem Ende sich zuneigenden Schuljahre hat zwar eine Aenderung in dem im vorigjährigen Programme angegebenen Bestande des Lehrercollegiums nicht stattgefunden, leider aber sind mehrere Mitglieder desselben durch sehr ernstliche Krankheiten der Schule auf längere Zeit entzogen worden. Professor Habermehl verfiel schon im Anfange des Decembers vorigen Jahres in eine Krankheit, deren Hartnäckigkeit seinem sehnlichen Wunsche, seiner gewohnten Thätigkeit dauernd wiedergegeben zu werden, bis jetzt immer wieder neue Hindernisse in den Weg gelegt hat. Professor Salzer wurde, nachdem schon beim Beginn des Schuljahres eine Krankheit ihm mehrere Wochen lang die Theilnahme am Unterricht unmöglich gemacht hatte, wiederum bald nach der Mitte des Monats Juni von einem heftigen Nervenfieber ergriffen, dessen Folgen auch ihm bis jetzt die Wiederaufnahme seiner Unterrichtsstunden untersagt haben. Wir dürfen indessen hoffen, dass beide Collegen nach der nunmehr Lehrern und Schülern bevorstehenden Ruhezeit beim Beginn des neuen Schuljahres neu gestärkt zu ihrer Berufsthätigkeit zurückkeh-

ren werden. Endlich wurde auch unser Zeichenlehrer, Maler Volck, durch Krankheit in diesem Sommer längere Zeit an der Ertheilung seiner Unterrichtsstunden gehindert; ist aber seit einigen Wochen wieder im Stande, seinen Unterricht zu ertheilen.

Dass ungeachtet dieser mehrfachen Krankheitsfälle der Unterricht keinerlei Unterbrechung erfahren hat, wurde ermöglicht wie überhaupt durch die opferwillige Geneigtheit sämmtlicher Collegen, auszuhelfen, wo es nöthig war, so insbesondere durch die willkommene Bereitwilligkeit des an unserer Anstalt volontirenden Lehramtspractikanten Dr. Zöller, nach erfolgter Erkrankung des Professor Habermehl mit den sämmtlichen Unterrichtsstunden desselben in Oberquarta auch das Ordinariat dieser Klasse zu übernehmen.

2) Durch Verordnung Grossh. Ministerii des Innern vom 24. April d. J. wurden mit höchster Ermächtigung Seiner Königl. Hoheit des Grossherzogs aus Grossherzogl. Staatsministerium vom 20. April die Lyceumslehrer Karl v. Langsdorff, Robert Salzer, Erasmus Pfaff und Sebastian Löhle am hiesigen Lyceum zu Professoren ernannt.

3) Am 17. und 18. Juli erfreute Herr Oberschulrath Deimling von Karlsruhe als Grossh. Prüfungscommissär die Anstalt mit einem Besuche und benützte seinen Aufenthalt nicht nur zur Abhaltung der Abiturientenprüfung, sondern auch zu einer Inspection der einzelnen Klassen in verschiedenen Unterrichtsgegenständen.

B. Statistische Uebersicht.

Am Schlusse der vorigen Schuljahres wurden nach dem Vorschlage der Lehrerconferenz folgende siebenzehn Schüler, nachdem sie unter dem Vorsitze des Grossh. Prüfungscommissärs, Professor Bücheler aus Freiburg, die Maturitätsprüfung bestanden hatten, mit Genehmigung des Grossh. Oberschulraths zur Universität entlassen:

Namen.	Geburtsort.	Confess.	Fachstudium.
1. Bauer, Heinrich.	Heidelberg.	ev.	Theologie.
2. Christ, Gustav.	Karlsruhe.	ev.	Naturwissensch.
3. v. Gagern, Max.	Mannheim.	kath.	Jurispr.
4. Guttenstein, Ludwig	Heidelberg.	israel.	Medicin.
5. Heck, Conrad.	Waldangelloch.	ev.	Theol.
6. Heiss, Julius.	Neckarburken.	ev.	Medicin.
7. Heiss, Otto.	Neckarburken.	ev.	Theol.
8. Holdermann, Karl.	Heidelberg.	ev.	Theol.
9. Hormuth, Heinrich.	Neckarbischofsh.	ev.	Cameral.
10. Hottinger, Adolf.	Singen.	ev.	Theol.
11. Leonhard, Georg.	Heidelberg.	kath.	Cameral.
12. Pagenstecher, Friedr.	Elberfeld.	ev.	Medicin.
13. Reischmann, Valent.	Handschuhsheim	kath.	Theol.
14. Treutlein, Peter.	Wieblingen.	kath.	Cameral.
15. Waltz, Gustav.	Heidelberg.	ev.	Medicin.
16. Waltz, Otto.	Heidelberg.	ev.	Cameral.
17. Weber, Friedrich.	Neuenheim,	ev.	Philol.
An Ostern d. J.			
18. Brian, Oktav.	Stebbach.	ev.	Theol.

Aus dem Schuljahre 1861/62 war ein Bestand von 156 Schülern geblieben; dazu kamen im Laufe dieses Jahres 92; es besuchten demnach im Laufe dieses Jahres 248 Schüler, inclus. Hospitanten (25 mehr als im verflossenen Jahre) die Anstalt, von welchen 155 der evangelischen, 79 der katholischen, 5 der griechisch-katholischen und 9 der israelitischen Religion angehörten. Auf die einzelnen Klassen vertheilen sie sich in folgender Weise:

I.	II.	III.	IVa.	IVb.	Va.	Vb.	VIa.	VIb.	Summa:
44	29	43	34	29	32	7	21	9	248.

Zwei brave und fleissige Schüler, die beide zu den schönsten Hoffnungen berechtigten, der Primaner Julius Schück, und der Tertianer Heinrich Kircher sind uns durch den Tod entrissen worden. Ausserdem sind im Laufe des Jahres ausgetreten 30, es bleibt demnach am Schlusse des Jahres ein Bestand von 216 Schülern.

C. Stand der Lehrapparate.

Die Lehrerbibliothek und die übrigen Lehrapparate wurden aus den etatsmässigen Mitteln, die Schülerbibliothek aus den regelmässigen Beiträgen der Schüler durch zweckmässige Anschaffungen vermehrt.

Als Geschenke, welche der Anstalt gemacht worden, haben wir dankbar anzuführen:

1. Von Herrn Buchhändler Weiss das in dessen Verlag erschienene Werk: Deutschland und Rom, von Netz.
2. Von dem Universitätsbuchhändler Herrn Ferdinand Hirt in Breslau die in dessen Verlag erschienenen Schriften: E. v. Seidlitz, Schulgeographie. — E. v. Seidlitz, kleine Schulgeographie. — Schilling's Grundriss der Naturgeschichte.
3. Von Herrn Dr. Brugger dessen Schrift: Geschichte der Gründung und Entwickelung des Vereins der deutschen Reinsprache. Heidelberg, 1862. — Ferner: Schaufelbuel, Beschreibung röm. Alterthümer, welche i. J. 1838 und 1839 in Pfäffikon ausgegraben worden.
4. Von Herrn Dr. Otto dessen Schrift: Heidelberg, sein Schloss und seine Pfalzgrafen, Lahr 1862.
5. Von Herrn Prof. Hofrath Holtzmann: Dessen Schulausgabe des Nibelungenliedes.
6. Von Herrn Grenzcontrolverweser Dehoff in Alensbach: Einige keltische Steinbeile.

D. Stipendien und Stiftungen.

1. Die Zahl der von der Lehrerconferenz des hiesigen Lyceums zu vergebenden Stipendien wurde durch eine Stiftung des verstorbenen Postsecretairs Matthias Haub dahier in höchst dankenswerther Weise vermehrt. Derselbe bestimmte nämlich letztwillig, dass der jährliche Ertrag einer auf seinen Namen eingeschriebenen National-Bankaktie von 1000 Gulden, im dermaligen Courswerthe von 872 fl. 24 kr., zur Unterstützung katholischer Zöglinge der Anstalt verwendet werden solle. Dieser Stiftung wurde durch Erlass Grossh. Oberschulraths vom 17. Januar d. J. Nr. 508 die Staatsge-

nehmigung ertheilt und über deren Ertrag in dem abgelaufenen Schuljahre zum ersten Male von der Lehrerconferenz den Bestimmungen des Stifters gemäss verfügt.

Ueberhaupt wurden in verflossenem Schuljahre fleissigen und wohlgesitteten Schülern unserer Anstalt 926 fl. aus milden Stiftungen und Staatsmitteln zuerkannt, und zwar:

1. Vom Grossh. evangel. Oberkirchenrath:
   a) aus dem Neckarschul-Stipendienfond vier evangelischen Schülern je 75 fl. . . . . 300 fl.
   b) aus dem Rheinbischofsheimer Dispensationsgelderfond drei evangelischen Schülern je 75 fl. . . . . 225 fl.
2. Vom Grossh. Oberschulrath aus der für landesherrl. kathol. theol. Stipendien bestimmten Summe einem kath. Schüler 100 fl.
3. Von der kath. Stipendienkommission der Universität Heidelberg:
   a) aus der Marianisch-Meier'schen Stiftung zwei kath. Schülern, dem einen 50 fl., dem andern 25 fl. . . . . . 75 fl.
   b) aus der Marianisch-Trauninger'schen Stiftung einem kath. Schüler, der Heidelberger Bürgersohn ist, ... 50 fl.
4. Von der Lehrerconferenz des Lyceums:
   a) das Jubiläumsstipendium einem Schüler der VI. Klasse 40 fl.
   b) die von Frau Pfarrer Köster gegründeten Stipendien, einem Quartaner und einem Quintaner je 20 fl. . . . . . 40 fl.
   c) das Mühling'sche Stipendium einem Unterquartaner . . 40 fl.
   b) das Haub'sche Stipendium, und zwar einem Schüler der Untersexta eine Quote von 36 fl., einem Schüler der Unterquarta und einem Tertianer eine Quote von je 10 fl. 56 fl.

   926 fl.

2. Die stiftungsgemäss bestehenden sechs Preise wurden am 30. Juli d. J. bei einer besonders angeordneten Schulfeier in Gegenwart des Herrn Ephorus und sämmtlicher Lehrer und Schüler der Anstalt denjenigen Schülern, welchen sie durch Conferenzbeschluss vom 26. Juni d. J. zuerkannt worden waren, übergeben, und zwar erhielten:

1. den ersten Fauth'schen Preis, bestehend in einer Prachtausgabe von Herder's Cid und Göthe's Faust, der Untersextaner Ferdinand Lewald.

2) den zweiten Fauth'schen Preis, bestehend in Lübker's Reallexikon, der Oberquintaner Georg Thibaut.
3) den Lauter'schen Preis, bestehend in Körner's Werken und Göthe's Gedichten, der Untersextaner Rudolf Blaum.
4. den von einem Ungenannten gestifteten Preis, bestehend in Uhland's Gedichten, der Oberquartaner Karl Zandt.
5. den Schillerpreis, bestehend in Schiller's sämmtlichen Werken, der Obersextaner Karl Schenkel.
6. den Hautz'schen Preis, bestehend in Hitzig's Ausgabe der Psalmen, 1. Band, der Obersextaner Bernhard Schenkel.

Damit aber auch die Schüler der durch Stiftungen bis jetzt nicht bedachten Klassen des Lyceums eines Zeichens der Anerkennung von Seiten ihrer Lehrer nicht entbehrten, fanden sich auch diesmal wieder mehrere Mitglieder der Lehrerconferenz in dankenswerther Weise bereit, diesem Mangel abzuhelfen, und so erhielten ferner als Preise des Fleisses und des Wohlverhaltens:

7. der Oberquartaner Julius Kirsch „Rummer's Buchstabenlehre."
8. der Unterquartaner Ludwig Riegel „Körner's Leyer und Schwert."
9. Der Tertianer Otto Strube „Cooper's Lederstrumpf-Erzählungen."
10. Der Secundaner Richard Helmholtz „Vaterländisches Ehrenbuch von Grosse und Otto."
11. Der Secundaner Friedrich Krausmann „Deutsche Volksbücher von Schwab."

II. Bestand des Personals des Lyceums.

1. Ephorus.

Dr. Bähr, Geh. Hofrath und Oberbibliothekar.

2. Lehrer.

Cadenbach, Professor, Director des Lyceums.
Helferich, Professor.
Rummer, Professor.
Dr. Habermehl, Professor.
v. Langsdorff, Professor.
Dr. Koessing, geistlicher Lehrer.
Salzer, Professor.
Pfaff, Professor und Bibliothekar.
Lühle, Professor.
Dr. Behaghel, Lehramtspractikant und Pfarrcandidat.
Schottler, Reallehrer.
Dr. Zoeller, Lehramtspractikant.
Dr. Wassmannsdorff, Turnlehrer und Lehrer des Deutschen in Oberquarta.
Volck, Maler, Zeichenlehrer.
Rist, Gesanglehrer.
Dr. Reckendorff, } israelitische Religionslehrer.
Ortlieb, israel. Hauptlehrer,

3. Verwaltungsrath.

Präsident.

Fecht, Grossh. Amtsvorstand und Stadtdirector.

Mitglieder.

Dr. Mittermaier, Geh. Rath und Professor.
Keller, Altbürgermeister.
Cadenbach, s. o.

Gilbert, Actuar.

4. Verrechner des Lyceumsfonds.
Muth, Rechnungsrath.

G. Wehrle, Diener des Lyceums und des Verwaltungsraths.

III. Abgehandelte Lehrgegenstände.

ERSTE (unterste) KLASSE.

Klassenvorstand: Lehramtspractikant Dr. Behaghel.

1. *Religion.*[1]) a) Für die katholischen Schüler. Biblische Geschichte des Alten Testamentes. Katechismus: das 1. Hauptstück und der 2. Abschnitt des 2. Hauptstücks. Beichtunterricht.   Koessing.

b) Für die evangelisch-protestantischen Schüler. 1. Neun Lieder des Gesangbuchs. 2. Biblische Geschichte des Alten Testaments: Lectüre, Erklärung und Wiedererzählung von Nr. 1—26; Lectüre und Erklärung von Nr. 28—42. 3. Sämmtliche Sternsprüche des Katechismus. 2 St. w. Behaghel.

2. *Deutsche Sprache.* Lectüre, Erklärung, Erlernung und freie Wiedererzählung von zwanzig poetischen und prosaischen Stücken des Kölnischen Lesebuchs. Orthographische und grammatische Uebungen.   3 St. w. Behaghel.

3. *Lateinische Sprache.* Formenlehre nach Feldbausch's Schulgrammatik. Mündliche und schriftliche Uebersetzung der §§. 1—160 in Feldbausch's Uebungsbuch. Wöchentlich kleine Exercitien.   10 St. w. Behaghel.

4. *Rechnen.* Die vier Grundrechnungsformen mit unbenannten und benannten ganzen Zahlen. 4 St. w. Schottler.

---

1) Der israelitische Religionsunterricht wurde für die Schüler der obern Klassen von Herrn Dr. Reckendorf, für die der untern von Herrn Hauptlehrer Ortlieb gegeben und bestand in Uebersetzung ausgewählter Stücke aus den Heil. Schriften, biblischer Geschichte und Glaubenslehre.

5. *Geographie.* Heimathkunde; das Grossherzogthum Baden; dessen Nachbarländer; Deutschland übersichtlich; Gestalt und Bewegung der Erde; die Erdtheile, Oceane und Zonen. 2 St. w. Schottler.

6. *Kalligraphie.* Die deutsche und englische Schrift.

7. *Zeichnen.* Freihandzeichnen. 2 St. w. Volek.

ZWEITE KLASSE.

Klassenvorstand: Professor Löhle.

1. *Religion.* a) Für die evangelisch-protestantischen Schüler: 1. Acht Lieder des Gesangbuchs. 2. Biblische Geschichte des neuen Testaments: Lectüre, Erklärung und Wiedererzählung von Nr. 1—24; Lecture und Erklärung von Nr. 25—50. 3. Die erste Hälfte des Katechismus (Frage 1—64).
2 St. w. Behaghel.

b) Für die katholischen Schüler. Die Lehre von der Erlösung, von der Kirche und ihren Aemtern. Biblische Geschichte des Neuen Testaments. 2 St. w. Koessing.

2. *Deutsche Sprache.* Uebungen im Lesen und Nacherzählen. Memoriren und Vortragen von Gedichten. Anfertigung kleiner Erzählungen und Beschreibungen. Orthographische Uebungen. Satzlehre in Verbindung mit dem Latein.
3 St. w. Löhle.

3. *Lateinische Sprache.* Repetition der regelmässigen, Erlernen der unregelmässigen Formenlehre. Erster Cursus der Syntax mit Uebersetzen der dazu gehörigen Uebungsbeispiele in Feldbausch's Uebungsbuch. Gelesen wurden einige Fabeln und der erste Abschnitt aus der römischen Geschichte. Wöchentliches Exercitium. 10 St. w. Löhle.

4. *Rechnen.* Die gemeinen Brüche.

5. *Geographie.* Deutschland ausführlich; die Erdtheile mit Ausschluss von Asien übersichtlich; Uebungen im Kartenzeichnen. 2 St. w. Schottler.

6. *Kalligraphie.* Die deutsche und englische Schrift.
3 St. w. Schottler.
7. *Zeichnen.* Freihandzeichnen. 2 St. w. Volck.

DRITTE KLASSE.

Klassenvorstand: Professor Pfaff.

1. *Religion.* a) Für die katholischen Schüler. Mit der II. Klasse gemeinschaftlich.

b) Für die evangelisch-protestantischen Schüler: 1. Neun Lieder des Gesangbuchs. 2. Einleitung in die geschichtlichen Bücher Alten Testaments, verbunden mit Lectüre und Erklärung einzelner Abschnitte derselben. 3. Die zweite Hälfte des Katechismus (Frage 66 bis Schluss). 4. Kurzer Abriss der Lehre vom Kirchenjahr. 2 St. w. Behaghel.

2. *Deutsche Sprache.* Das Hauptsächlichste aus der Grammatik. Lesen und Erklären verschiedener Stücke aus dem Kölner Lesebuch. Vortrag von Gedichten. Aufsätze.
2 St. w. Pfaff.

3. *Lateinische Sprache.* Grammatik nach Feldbausch: Wiederholung der Etymologie und des ersten Cursus der Syntax; Casuslehre und die damit verbundenen Regeln mit Einübung an den betreffenden Paragraphen des Uebungsbuches. Wöchentliches Exercitium. — Cornelius Nepos: Miltiades, Themistocles, Aristides, Pausanias, Cimon. 10 St. w. Pfaff.

4. *Französische Sprache.* Grammatik nach Seyerlen's Elementarbuch §. 1—103 (Formenlehre, die unregelmässigen Zeitwörter ausgeschlossen). In Stüpfle's Lesebuch wurden einige Anekdoten gelesen und analysirt. Sprechübungen.
4 St. w. Salzer.

5. *Arithmetik.* Waarenberechnungen, Arbeits-, Zins- und Rabatt-, Theilungs- und Gesellschafts-, Wechselgeld-, Gewinn- und Verlust- und einfache Mischungsrechnungen; der Kettensatz; vermischte Aufgaben; die Lehre von den Decimalbrüchen.
3 St. w. Schottler.

6. *Geographie.* Das Wichtigste aus der mathematischen Geographie; die europäishhen Länder, Deutschland ausgenommen; Asien übersichtlich; Kartenzeichnen.
3 St. w. Schottler.
7. *Kalligraphie.* Die deutsche und englische Schrift.
2 St. w. Schottler.
8. *Zeichnen.* Freihandzeichnen. 2 St. w. Volck.

VIERTE KLASSE.
Untere Ordnung.

Klassenvorstand: Professor v. Langsdorff.

1. *Religion.* a) Für die evangelisch-protestantischen Schüler. 1. Neun Lieder des Gesangbuchs, nebst biographischen Notizen über deren Verfasser. 2. Leben und Reisen Pauli, verbunden mit Lectüre und Erklärung der betreffenden Kapitel aus der Apostelgeschichte und ausgewählter Abschnitte aus Pauli Briefen. 3. Repetition des ganzen Katechismus.
2 St. w. Behaghel.

b) Für die katholischen Schüler. Im kleineren Katechismus von Dr. J. B. Hirscher das fünfte und sechste Hauptstück. Memoriren von Liedern. 2 St. w. Koessing.

Communion-Unterricht in besonderen Stunden während des Winterhalbjahrs.
Koessing.

2. *Deutsche Sprache.* 1. Eine Anzahl Balladen erklärt, gelernt, recitirt; prosaische Lesestücke gelesen, erklärt, zergliedert, theils mündlich, theils schriftlich rückerzählt; orthographische Uebungen durch Dictate. 2 St. w. v. Langsdorff.

3. *Lateinische Sprache.* 1. Grammatik. Syntax nach Feldbausch: Repetition des I. Abschnitts und Erlernung des II. Abschnitts bis §. 451. Uebungsbeispiele Feldbausch's II. Theil 117—164 theils mündlich, theils schriftlich übersetzt und die Wörter gelernt; Caesar de bello Gallico liber I. übersetzt, erklärt, rückübersetzt. Wöchentlicher Stilus pro loco.
8 St. w. v. Langsdorff.

4. *Griechische Sprache.* Die regelmässige Formenlehre nach Feldbausch, Uebersetzung der entsprechenden Paragraphen gerader Zahl aus der Chrestomathie von Feldbausch und Süpfle. 4 St. w. Pfaff.

5. *Französische Sprache.* Seyerlen von §. 106—215; aus Süpfle's Lesebuch eine Anzahl Anecdoten, Parabeln und Fabeln gelesen und rückübersetzt. Stile ausgearbeitet.
4 St. w. Salzer, später v. Langsdorff.

6. *Mathematik.* a) Buchstabenrechnung. Die Rechnungsarten mit einfachen und zusammengesetzten Buchstabenausdrücken. Gleichungen vom ersten Grade mit einer Unbekannten und Anwendung auf die Lösung von Geschäftsrechnungen.

b) Geometrie. Formenlehre. Sätze über die Linien, Winkel und die Congruenz der Dreiecke. Constructionsaufgaben. 3 St. w. Kummer.

7. *Geschichte.* Allgemeine Weltgeschichte nach Beck.
3 St. w. Dr. Zoeller.

8. *Naturgeschichte.* In der Zoologie wurden behandelt die Säugethiere, Vögel, Insekten; in der Botanik die gewöhnlichsten Pflanzenfamilien. 2 St. w. Löhle.

9. *Zeichnen.* Freihandzeichnen. 2 St. w. Volck.

VIERTE KLASSE.

Obere Ordnung.

Klassenvorstand: Professor Dr. Habermehl; stellvertretend: Lehramtspractikant Dr. Zoeller.

1. *Religion.* Gemeinschaftlich mit der untern Ordnung.

2. *Deutsche Sprache.* Lehre vom zusammengesetzten Satze nach Jahn's Lehrbuch der deutschen Sprache. Uebungen im Lesen und im Vortrage prosaischer und poetischer Stücke. Aufsätze. 2 St. w. Dr. Wassmannsdorff.

3. *Lateinische Sprache.* 1. Grammatik nach Feldbausch: die §§. 404—657 gelernt und die dahin einschlägigen Beispiele

aus Feldbausch's lat. Uebungsbuch 2. Th. theils mündlich, theils schriftlich übersetzt. 2. Wöchentlicher stilus pro loco. 3. Caesar de bello Gallico lib. III. und IV, cp. 1—17, nebst cursorischer Uebersetzung einiger Abschnitte von lib. V. 4. Aus Ovid's Metamorphosen nach der Ausgabe von Feldbausch wurden die Abschnitte: Battus, Europa und Erysichthon gelesen und in Verbindung hiermit das Wichtigste aus der lateinischen Prosodie und Metrik erlernt.

8 St. w. Anfangs Habermehl, sodann Zoeller.

4. *Griechische Sprache*. 1. Grammatik. Oeftere Wiederholung des früher Gelernten, Erlernung der Verba auf $\mu\iota$ und der unregelmässigen Zeitwörter. 2. Gelesen wurde in der Chrestomathie von Feldbausch die §§. 125, 127, 143—154, 160—184 aus Xenophon Anabasis lib. II, cp. 1, 2, 3.

4 St. w. Anfangs Habermehl, sodann Zoeller.

5. *Französische Sprache*. Lesung einer Anzahl von Lesestücken aus Süpfle's Lesebuch. Wiederholung der Formenlehre. Das Wesentlichste aus der Syntax. Sprechübungen.

4 St. w. Salzer.

6. *Mathematik*. a) Algebra. Gleichungen des ersten Grades mit mehreren Unbekannten. Textaufgaben. Rechnung mit Potenzen. Ausziehen der Quadrat- und Cubikwurzel.

b) Geometrie. Wiederholung der in Unterquarta vorgenommenen Sätze. Constructionsaufgaben über Dreiecke. Die Sätze über das Viereck. Vom Inhalt der eckigen Figuren. Pythagoräischer Satz und Anwendnngen.

3 St. w. Rummer.

7. *Geschichte*. Griechische und römische Geschichte nach Beck. 3 St. w. Anfangs Habermehl, sodann Zoeller.

8. *Naturlehre*. Allgemeine Eigenschaften der Körper. Von den festen, tropfbarflüssigen und elastischflüssigen Körpern. Die Hauptsätze über Schall, Licht, Wärme, Electricität und Magnetismus. 2 St. w. Rummer.

9. *Zeichnen*. Freihandzeichnen. 2 St. w. Volck.

FÜNFTE KLASSE.

Untere Ordnung.

Klassenvorstand: Geistlicher Lehrer Dr. Koessing.

1. *Religion.* a) Für die katholischen Schüler. Geschichte der christlichen Kirche. 2 St. w. Koessing.

b) Für die evangelisch-protestantischen Schüler. Christliche Religionslehre nach L. A. Petri, Th. I, Abschnitt 1 u. 2, §. 1—79 incl. 2 St. w. Helferich.

2. *Deutsche Sprache.* Aufsätze beschreibender Art systematisch ausgearbeitet; Vertrautheit mit der Schiller'schen Lyrik durch Lectüre, Erklärung, Erlernung einer grösseren Anzahl Gedichte und Darstellung der Entwicklung Schiller's im Zusammenhang damit wurde vorbereitet.
2 St. w. v. Langsdorff.

3. *Lateinische Sprache.* Grammatik nach Feldbausch: Wiederholungen und Fortsetzung bis §. 691. Mündliche und schriftliche Uebungen; wöchentlich ein stilus pro loco. Aus dem Lateinischen ins Deutsche wurde übersetzt und erklärt: C. Sallustii Crispi de conjuratione Catilinae lib. von c. 40 bis c. 53, und de bello Jugurthino c. 1—23. M. T. Ciceronis epist. select. nach der Ausgabe von K. Fr. Süpfle (Karlsr. 1856), Nr. 17—29. 6 St. w. Koessing.

Virgil: Der dritte Gesang der Aeneide und die erste dritte und fünfte Ecloge. 2 St. w. Zoeller. Koessing.

4. *Griechische Sprache.* Grammatik nach Feldbausch: Wiederholung und Erweiterung der Formenlehre; Syntax bis §. 344. Xenophon's Anab. III, IV. Hom. Odyss. I, IX.
5 St. w. Pfaff.

5. *Hebräische Sprache.* Nach der Grammatik von Gesenius-Rödiger: Die Elementarlehre und die Formenlehre bis zu den Paradigmen der Nomina. Aus Gesenius' Lesebuch wurden übersetzt die Abschnitte I—IV in der ersten Abtheilung. Uebungen. 2 St. w. Koessing.

6. *Französische Sprache.* Lesung von historischen und beschreibenden Stücken aus Süpfle's Chrestomathie. Syntax mit schriftlichen Uebungen und wöchentlichem Styl.
3 St. w. Salzer.

7. *Mathematik.* a) Algebra. Wurzelrechnung. Reductionen, Logarithmen, Progressionen. Gleichungen vom zweiten Grade. Anwendungen.

b) Geometrie. Die Aehnlichkeit der Figuren. Proportionallinien und deren Anwendung auf Constructionen. Die Sätze über regelmässige Vielecke und über den Kreis. Berechnungen und Anwendungen.   4 St. w. Rummer.

8. *Geschichte.* Deutsche Geschichte von den Anfängen, — verbunden mit einer Skizze der römischen Kaisergeschichte — bis auf das Interregnum.   2 St. w. v. Langsdorff.

9. *Naturgeschichte.* Mineralogie; einige Abschnitte aus der Geologie. Botanik.   2 St. w. Löhle.

FÜNFTE KLASSE.

Obere Ordnung.

Klassenvorstand: Professor Helferich.

1. *Religion.* Gemeinschaftlich mit der untern Ordnung.
2. *Deutsche Sprache.* Von der Dichtung und ihren Hauptarten. Aufsätze.   2 St. w. Pfaff.
3. *Lateinische Sprache.* 1) Uebersetzt wurde Cic. or. pro S. Rosc. Am. cp. 1 bis cp. 53 incl. Einleitung in die Rede nebst rhetorischer Analyse derselben; sachliche und grammatische Erklärung. 2) Aus Virgil's Aeneide wurde statarisch übersetzt und erklärt Buch 6; kursorisch wurde gelesen B. 5, Vs. 1—248. 3) Grammatik nach Feldbausch: Lernen und Erklären des synt. Theils von §. 657—719. Aus Süpfle's Aufgaben zu lat. Stilübungen, Th. 1 (Aufl. 7), Abth. 2 wurden allwöchentlich erlesene Stücke theils mündlich, theils schriftlich übersetzt und vielfach umgestaltet. 4) Wöchentlicher stilus pro loco; hier und da Extemporalien. Ausführliche Correctur derselben.   8 St. w. Helferich.

4. *Griechische Sprache.* 1) Uebersetzt wurden aus Homer's Odyssee Buch 15 und 16 statarisch, Buch 7 und 8 kursorisch, das letztere nach Auswahl. Erklärung der zuerst genannten Bücher mit besonderer Beziehung auf den epischen Dialekt. 2) Lesen und Erklärung von Plutarch's Leben des Phocion und Demosthenes nach Fr. Jakobs' Atticis, Th. 2 (Aufl. 7), S. 64—82, sowie von Xenoph. gr. Geschichte, B. 2, cp. 6, §. 23 bis cp. 7, §. 12 incl., nach demselben Werke S. 82—92. 3) Grammatik nach Feldbausch, §. 345—513 und Wiederholung von §. 513—521. 4) Unausgesetzte Uebung im schriftlichen Uebersetzen aus dem Deutschen ins Griechische zur praktischen Einübung des Erlernten. Ausführliche Correktur des Uebersetzten.

5 St. w. Helferich.

5. *Hebräische Sprache.* Wiederholung des früher Erlernten. Neu wurde durchgenommen die Lehre vom Nomen und den übrigen Redetheilen bis zur Syntax nach der Grammatik von Gesenius-Rödiger und dazu aus dessen Uebungsbuch einige erzählende Abschnitte übersetzt und erklärt.

Dr. Zoeller.

6. *Französische Sprache.* Gemeinschaftlich mit der untern Ordnung.

7. *Mathematik.* a) Algebra. Wiederholung der Lehre von den Logarithmen und der quadratischen Gleichungen. Die Reihen. Kettenbrüche und Combinationen. Anwendungen auf die Berechnung der Zeitrenten, Leibrenten und Lebensversicherung. Auflösung der höheren Gleichungen.

b) Geometrie. Wiederholung der Proportionallinien. Anwendungen. Die Lehre von den Körpern. Berechnung der Oberflächen und des Cubikinhalts.

4 St. w. Rummer.

8. *Geschichte.* Englische und französische Geschichte in Parallelen bis 1400.   2 St. w. Salzer.

9. *Naturgeschichte.* Gemeinschaftlich mit der untern Ordnung.

SECHSTE KLASSE.

Untere Ordnung.

Klassenvorstand: Cadenbach.

1. *Religion.* a) Für die evangelisch-protestantischen Schüler. Lektüre des Evangeliums Matthäi im Grundtexte, zweite Hälfte von Cap. 15 bis zum Ende, mit ausführlicher Erklärung und darauf bezüglicher, zu häuslichen Privatstudien anregender Fragestellung. Prolegomena zur Erklärung der heiligen Schriften des neuen Bundes. 2 St. w. Helferich.

b) Für die katholischen Schüler. Glaubenslehre nach Stadelbaur's kath. Religionslehre. Erklärung des ersten Briefes Petri. 2 St. w. Koessing.

2. *Rhetorik und deutsche Literaturgeschichte.* 1. Rhetorik: Rhetorische Uebungen. — 2. Literatur. Geschichte der altdeutschen Literatur bis zur Reformation. — Lecture des ersten Theiles der Nibelungen in der Ursprache. — Vortrag: Wöchentlicher freier Vortrag, Analyse, Critik durch die Schüler.
4 St. w. v. Langsdorff.

3. *Lateinische Sprache.* Horat. Od. L. I und (combin. mit Obersexta) Epist. I, 1—10.
2 St. w. Anfangs Habermehl, dann Cadenbach.

b) Liv. L. XXII (privatim grössere Stücke aus L. II und XXI), Cicer. Laelius, Stile, Extemporalien.
5 St. w. Cadenbach.

4. *Griechische Sprache.* a) Aus Homer's Iliade wurden übersetzt und erklärt Buch 1, 3 und 16.
2 St. w. Anfangs Habermehl, dann Zoeller.

b) Einzelne Abschnitte aus Herodot in den Atticis und (combinirt mit Obersexta) Plato's Apologie des Sokrates; grammatische Uebungen.
2 St. w. Anfangs Habermehl, dann Cadenbach.

5. *Hebräische Sprache.* Grammatik nach Gesenius-Rödiger. Uebersetzt und erklärt wurden: der Prophet Joel und zwanzig auserlesene Psalmen. 2 St. w. Koessing.

6. *Französische Sprache.* Lesung von Molière's Misanthrope und von Scribe's Les contes de la reine de Navarre, letzteres mit Sprechübungen. Alle 14 Tage ein Stil und grammatische Uebungen.   2 St. w.   Salzer.

7. *Mathematik.* a) Ebene Trigonometrie und Polygonometrie mit Anwendungen auf die praktische Geometrie.

b) Analytische Geometrie. Die gerade Linie, der Kreis, Parabel, Ellipse und Hyperbel.   3 St. w.   Rummer.

8. *Philosophische Propädeutik.* Psychologie und Logik.   3 St. w.   Löhle.

9. *Geschichte.* Weltgeschichte mit besonderer Rücksicht auf Kultur bis auf Solon.   3 St. w.   Salzer.

SECHSTE KLASSE.
Obere Ordnung.

Klassenvorstand: Cadenbach.

1. *Religion.* Gemeinschaftlich mit der untern Ordnung.

2. *Rhetorik und deutsche Literaturgeschichte.* Rhetorik: Systematische Ausarbeitung und Besprechung von Aufsätzen; wöchentlich freie Vorträge mit Critik durch die Schüler; Literaturgeschichte: Geschichte der neueren deutschen Literatur; Controle der Lectüre der classischen Stücke der neueren Literatur.   4 St. w.   v. Langsdorff.

3. *Lateinische Sprache.* Horat. Od. L. I, Satir. I, 1, 3, 4, 9; Epist. l. I, 1—10. Cicero de Orat. L. II; Tacit. Germania et Annal. L. I (priv. L. IV); einzelne Abschnitte aus den übrigen Büchern ohne Vorbereitung; Stile; Extemporalien.   7 St. w.   Cadenbach.

4. *Griechische Sprache.* Sophocl. Antigone; Plat. Euthyphro et Apol. Socratis; einzelne Abschnitte der Iliade ohne Vorbereitung, andere privatim; grammatische Uebungen.   4 St. w.   Cadenbach.

5. *Hebräische Sprache.* Gemeinschaftlich mit der untern Ordnung.

6. *Französische Sprache.* Gemeinschaftlich mit der untern Ordnung.

7. *Physik und Mechanik.* Die allgemeinen Eigenschaften der Körper und die besonderen Aggregatformen. Die Lehre von den Kräften. Vom Schwerpunkt. Die einfachen Maschinen. Die Lehre vom freien Fall und der Centralbewegung. Die Lehre vom Schall, Licht, Wärme, Magnetismus und Electricität. 4 St. w. Rummer.

8. *Philosophische Propädeutik.* Logik. Grundriss der Geschichte der Philosophie bis Kant. 3 St. w. Löble.

9. *Geschichte.* Weltgeschichte mit besonderer Rücksicht auf die Cultur von den Perserkriegen bis auf das Ende der Verfassungskämpfe in Rom. 3 St. w. Salzer.

Englische Sprache. (Für freiwillige Theilnehmer.) a) Untere Abtheilung: Grammatik nach Gaspey's Lehrbuch. Lectüre ausgewählter Stücke aus Süpfle's Chrestomathie. Stilübungen. 2 St. w. Behaghel.

b) Obere Abtheilung: Grammatischer Repetitionskurs nach Gaspey's Lehrbuch. Lectüre ausgewählter prosaischer und poetischer Stücke aus Süpfle's Chrestomathie. Uebersetzung und Erklärung von Macaulay's History of England, Vol. I, p. 1—50, und von Shakespeare's Midsummernight's Dream. Stilübungen. 2 St. w. Behaghel.

Gesangunterricht. Die singfähigen Schüler wurden in drei Abtheilungen unterrichtet. Jede Abtheilung erhielt eine wöchentliche Unterrichtsstunde.

Den Uebungsstoff der Abtheilungen 1 und 2 (Klasse I bis IV incl.) bildeten methodische Gesangübungen aus der Chorgesangschule von Schletterer und entsprechende zwei- und dreistimmige Lieder.

In der dritten Abtheilung (Klasse V und VI) wurde im Winterhalbjahr der erste Theil der Chorgesangschule für Männerstimmen von Schletterer behandelt; im Sommerhalbjahr wurden im Verein mit Abtheilung 1 und 2 gemischte Chöre geübt.

Evangelischer Kirchengesang. Geübt wurden die gangbarsten Choräle des Bad. Choralbuchs; die meisten einstimmig, mehrere davon dreistimmig. 1 St. w. Rist.

Katholischer Kirchengesang. Die für das Kirchenjahr vorgeschriebenen Messgesänge. 1 St. w. Schottler.

Turnunterricht. Die Turnabtheilungen erhielten mit Rücksicht auf das Schulturnbuch von A. Spiess Unterricht in Frei- und Ordnungsübungen wie an den verschiedenen Turngeräthen; auch Turnspiele wurden von Zeit zu Zeit veranstaltet. Secunda und Tertia je 1 St. w., beide Quarta je 1 St. w., beide Quinta und Sexta je 2 St. w.

Dr. Wassmannsdorff.

IV. Ordnung der Prüfungen.

Donnerstag, den 13. August.
Vormittag:

Von 8—9 Uhr. Choral. Religionsprüfung der evangelisch-protestantischen Schüler der zwei obersten Klassen.

Von 9—12 Uhr. Obersexta: Lateinische, griechische und deutsche Sprache. Physik. Philosophie. Geschichte.

Nachmittags.

Von 3—5 Uhr. Untersexta: Lateinische, griechische und deutsche Sprache. Mathematik. Philosophie.

Freitag, den 14. August.
Vormittags.

Von 8—9½ Uhr. Choral. Gebet. Religionsprüfung der katholischen Schüler sämmtlicher Klassen.

Von 9½—12 Uhr. Oberquinta: Lateinische, griechische und deutsche Sprache. Mathematik. Naturgeschichte.

Nachmittags.

Von 3—5 Uhr. Unterquinta: Lateinische, griechische und deutsche Sprache. Geschichte.

Von 5—6 Uhr. Sexta und Quinta: Hebräisch in drei Abtheilungen.

Montag, den 17. August.

Vormittags.

Von 8—9 Uhr. Choral. Gebet. Religionsprüfung der evangelisch-protestantischen Schüler der vier untern Klassen.
Von 9—12 Uhr. Oberquarta: Lateinische, griechische und deutsche Sprache. Geschichte. Mathematik. Naturlehre.

Nachmittags:

Von 3—5 Uhr. Unterquarta: Lateinische, griechische, deutsche und französische Sprache. Geschichte.

Dienstag, den 18. August.

Vormittags:

Von 8—10 Uhr. Tertia: Lateinische und deutsche Sprache. Rechnen. Geographie.
Von 10—12 Uhr. Secunda: Lateinische und deutsche Sprache. Rechnen. Geographie.

Nachmittags:

Von 3—5 Uhr. Prima: Lateinische und deutsche Sprache. Rechnen. Geographie.
Von 5—6 Uhr Turnen mit allen Abtheilungen.

Mittwoch, den 19. August.

Vormittags 10 Uhr.

SCHLUSSACT.

Gesang: „Wohl dem, der seine Hoffnung setzet auf den Herrn." Psalm 40 von Küster.
Einleitende Worte von Prof. v. Langsdorff.
Gesang: Frühlingsglöckchen. } Lieder für Sopran und Alt.
  Des Knaben Berglied.
Declamation der Schüler der 5 untern Klassen.
Gesang: „Beim Regen" von A. Gebauer.
Der Obersextaner C. Schenkel hält eine lateinische Rede über den Ausspruch des Horaz (Od. III, 2, 21 und 22):
  Virtus recludens immeritis mori
  Coelum negata tentat iter via;
der Obersextaner J. Reinmuth spricht in einer deutschen Rede über die Aufgabe des studirenden Jünglings.

Gesang: Glockenruf. Lied für Sopran und Alt.
Verkündigung der Promotionen und Entlassung zur Universität durch den Director.
Schlussgesang: Die Kapelle von Kreutzer.

Der feierliche Schlussgottesdienst findet Sonntag den 16. August, und zwar katholischer Seits Vormittags um 8 Uhr in der Chorkirche zum heil. Geist, evangelischer Seits Nachmittags 4 Uhr in der Kirche zu St. Peter statt.

Zur geneigten Theilnahme an diesem Schlussgottesdienst, sowie an den Prüfungen und der Schlussfeier beehre ich mich die geehrten Eltern unserer Schüler, sowie alle Freunde unserer Schule ergebenst einzuladen.

Die Ferien beginnen Donnerstag den 20. August und dauern bis zum Donnerstag den 1. October. An diesem Tage wird der Unterzeichnete die Anmeldungen neuer Schüler für das nächste Schuljahr entgegenzunehmen bereit sein. Diese haben neben ihren Schulzeugnissen auch ihren Tauf- und Impfschein, und auswärtige ausserdem ihre Heimathscheine vorzulegen. Die Prüfungen der neueintretenden, sowie der bedingt promovirten Schüler finden Freitag den 2. October in den betreffenden Klassenlocalen statt; am Samstag den 3. October beginnt der Unterricht.

Während der Ferien werden auch in diesem Jahre von einigen Lehrern der Anstalt Ferienlectionen gehalten werden, in welchen die Schüler der vier untern Klassen täglich zwei Stunden in angemessener Weise beschäftigt, resp. auch zu einer etwa noch zu bestehenden Nachprüfung vorbereitet werden.

Heidelberg, den 1. August 1863.

Der Director:

Cadenbach.

V. Verzeichniss der Schüler,

welche

im Schuljahre 1862/63 die Anstalt besucht haben.

(Die mit * Bezeichneten sind im Laufe des Schuljahres ausgetreten; die mit † Bezeichneten gestorben.)

PRIMA.

Bassermann, Karl, v. Langenwinkel
Bayer, Georg, von Heidelberg.
Bindewald, Wilhelm, von Dotenburg (Trier).
Bischoff, Karl, von Odenheim.
Bischoff, Julius, von Karlsruhe.
Böckmann, Friedrich, von Shelton.
Braun, Emil, von Hochstetten.
Dilg, Jacob, von Heidelberg.
Eber, Karl, von Haardt bei Neustadt.
*Erlewein, Peter, von Ziegelhausen.
Fahlbusch, Valentin, v. Heidelberg.
Fehn, Adolf, von Hannover.
Fischer, Heinrich, von Wiesloch.
Flad, Georg, von Heidelberg.
*Gautier, Albert, von Pforzheim.
Geierhaas, Karl, von Heidelberg.
Guttenstein, Joseph, v. Heidelberg.
Haller, Joseph, von Heidelberg.
Häusser, Karl, von Heidelberg.
Heizmann, Adolf, von Sinsheim.
Heizmann, Gustav, von Sinsheim.
Issel, Ernst, von Heidelberg.
*Knauf, Emil, von Ziegelhausen.
Kolb, Joseph, von Heidelberg.
Künzle, Louis, von Heidelberg.
Miltner, Philipp, von Kirchardt bei Sinsheim.
Müller, Gustav, von Heidelberg.
Nebel, Julius, von Heidelberg.
Payne, Alfred, von Heidelberg.
Pezold, August, von Elzach.
v. Schilling, Hermann, von Karlsruhe,
Schliephake, Ildefons, von Wiesbaden.
†Schück, Julius, von Heidelberg.
Schwartz, Franz, von Heidelberg.
Seitz, Georg, von Heidelberg.
Ullrich, Eduard, von Heidelberg.
Waldbauer, Friedrich, von Heidelberg.
Zeller, Albert, von Marburg.

Gäste.

*Barro, Otto, von Heidelberg.
Green, Georg, von London.
Pirie, Lewis, von Aberdeen.
Pirie, William, von Aberdeen.
Reiss, Salomon, von Heidelberg.
*Simon, William, von London.

6.   44.

SECUNDA.

Apfel, Franz, von Handschuhsheim.
*Braun, Gustav, von Langen.
Brennig, Karl, von Heidelberg.
Clement, Edelbert, von Amrain.
Cuntz, Friedrich, von Heidelberg.
Ferber, Alexander, von Markdorf.
Förster, Rudolf, von Heidelberg.
Helmholtz, Richard, v. Königsberg.
Holdermann, Eugen, v. Heidelberg.
Hormuth, Edmund, v. Heidelberg.
Ilgen, Otto, von Grünstadt.
Kah, Bernhard, von Adelsheim.
Könige, Heinrich, von Heidelberg.
Krausmann, Friedrich, von Heidelberg.
Michaely, Karl, von Heidelberg.
Regenauer, Anton, von Bruchsal.
Röth, Heinrich, von Heidelberg.

Schnetzler, Moriz, von Karlsruhe.
Scholl, Valentin, von Schlierbach.
Sido, Franz, von Stauffen.
Treiber, Friedrich, von Plankstadt.
Wassmannsdorff, Ernst, von Heidelberg.
Wassmannsdorff, Karl, von Heidelberg.
Züringer, Heinrich, von Müllheim.
Zimmermann, Karl, v. Heidelberg.
v. Zwackh, Philipp, von Heidelberg.

Gäste.

Katzenberger, Karl, v. Ettlingen.
Wachter, Wilhelm, von Heidelberg.
Wheler, Charles, v. Lahore in Indien.

1. 29.

TERTIA.

Ammann, Karl, von Heidelberg.
Ballweg, Otto, von Mosbach.
Bessels, Louis, von Heidelberg.
Buch, Karl, von Heidelberg.
Dinkelspiel, Emil, von Gundelsheim.
*Ernst, Hermann, von Schönau.
Gilbert, Friedrich, von Heidelberg.
Goll, Friedrich, von Karlsruhe.
Guerdan, Heinrich, von Neckargemünd.
Hafner, Karl, von Weinheim.
Holtzmann, Adolf, von Karlsruhe.
Katzenberger, Adolf, von Ettlingen,
†Kircher, Heinrich, von Wiesloch.
Kopp, Wilhelm, von Karlsruhe.
Mohr, Christian, von Heidelberg.
Mohr, Gustav, von Heidelberg.
Mosetter, Georg, von Ladenburg.
Ortlieb, Sigmund, von Ilvesheim.
Riedel, Karl, von Erbach.
Reiss, Louis, von Heidelberg.
Röder, Karl, von Nouenheim.
Roos, Karl, von Walldorf.
*Sachs, Theodor, von Heidelberg

Seiler, Matthias, von Heidelberg.
v. Schmitz, Isenader, v. Heidelberg.
Scholl, Heinrich, von Breitenbronn.
Schück, Karl, von Heidelberg.
*Schück, Friedrich, v. Hoffenheim.
Schück, Otto, von Hoffenheim.
Stark, Karl, von Jena.
Steitz, Julius, von Schriesheim.
v. Stipplin, Oskar, von Heidelberg.
Strübe, Otto, von Neuenweg.
Vogt, Karl, von Heidelberg.
Zimmermann, Stephan, von Heidelberg.

Gäste.

Mayer, Jakob, von Heidelberg.
Mittermaier, Alfred, v. Karlsruhe.
Nägele, Albert, von Heidelberg.
Odenwald, Rudolf, v. Heidelberg.
Riedel, Otto, von Heidelberg.
Schmidt, Ferdinand, v. Heidelberg.
Schollenberger, Peter, von Dossenheim.
*Somoff, Michael, von Saratow in Russland.

5. 43.

UNTER-QUARTA.

*Anderst, Wilhelm, von Heidelberg.
Apfel, Philipp, von Sinsheim.
Ballweg, Emil, von Mosbach.
*Ebner, Hermann, von Heidelberg.
Greiff, Karl, von Heidelberg.
Hauss, David, von Diersheim.
Herbst, Alfred, von Müllheim.
Hergt, Franz, von Haslach.
Hilspach, Ferdinand, v. Merchingen.
Holtzmann, Ludwig, v. Karlsruhe.
Hummel, Philipp, von Karlsruhe.
Kredell, Friedrich, von Neckargemünd.
Lange, Oskar, von Innsbruck.

Link, Karl, von Dossenheim.
Michaelis, Karl, von Heidelberg.
Pezold, Heinrich, von Bühl.
Riegel, Ludwig, von Dossenheim.
Ritter, Ludwig, von Heidelberg.
*Sauter, Heinrich, von Rohrbach.
Schleuning, Karl, von Heidelberg.
Schmezer, Alfred, v. Ziegelhausen.
Schnetzler, Hermann, v. Karlsruhe.
Schumacher, Adolf, von La-Souterraine.
Seuffert, Wilhelm, von Spranthal.
Stockert, Valentin, v. Hüngheim.
Vogt, Heinrich, von Heidelberg.

Wachter, Peter, von Mainz.
Wacker, Michael, von Plankstadt.
Zentgraf, Otto, von Neckargemünd.

Gäste.

*Künzle, August, von Heidelberg.
*Meiklejohn, Georg, von Strathdon (Schottland).

*d'Obrescoff, Alexander, von Petersburg.
Stolz, Friedrich, von Mannheim.
Walzenbach, Hermann, von Krautheim.

7. 34.

OBER-QUARTA.

*Adlon, Heinrich, von Heidelberg.
Damm, Jakob, von Kirchheim.
v. Gagern, Ernst, von Bad Soden (Nassau).
*Hechler, Heinrich, von Benares (Indien).
Huber, Max, von Karlsruhe.
Ihrig, Peter, von Schollbrunn.
Kirsch, Julius, von Epplingen.
Kolb, Karl, von Heidelberg.
Le Beau, Theodor, von Leimen.
Leonhard, Gustav, von Mannheim.
*Lindemann, Philipp, von Grosssachsen.
Ortlieb, Ludwig, von Ilvesheim.
Regenauer, Oskar, v. Freiburg i. B.
Sachs, Karl, von Leimen.
Scholl, Karl, von Breitenbronn.

Thibaut, Friedrich, von Heidelberg.
*Tittmann, Karl, von Belleville.
Waidler, Karl, von Lichtenau.
Zandt, Karl, von Leibenstadt.
Zimmermann, Wilhelm, von Säckingen.
v. Zwackh, Franz, von München.

Gäste.

*Greiner, Heinrich, von Dürrn.
Grimm, Karl, von Aglasterhausen.
Knobeloch, Georg, v. Albersweiler.
Lenz, Ludwig, von Neuenheim.
*Mayer, Johann, von Bamlach.
Walther, Friedrich, von Heidelberg.
Weber, Karl, von Heidelberg.
Wieser, Georg, von Heidelberg.

4. 29.

UNTER-QUINTA.

Ahles, Theodor, von Neckarbischofsheim.
Blum, Cäsar, von Heidelberg.
Gilbert, Adolf, von Heidelberg.
*Harrer, Wilhelm, von Donaueschingen.
Holtzmann, Wilhelm, v. Karlsruhe.
Kähne, Curd, von Heidelberg.
*Keller, Julius, von Berwangen.
*Kircher, Philipp, von Wiesloch.
Meder, Albert, von Heidelberg.
Meyer, Philipp, von Neckarbischofsheim.
Muth, Heinrich, von Heidelberg.
Muth, August, von Heidelberg.
Puchelt, Benno, von Heidelberg.
Röth, Robert, von Heidelberg.
v. Rüdt, Ferdinand, von München.
Schieck, Julius, v. Neckarbischofsheim.
Schliephake, Hermann, von Wiesbaden.

Thoma, Richard, von Bonndorf.
*Wachter, Jan, von Mainz.
Zandt, Ferdinand, von Leibenstadt.

Gäste.

Bistrom, Woldemar, von Tambov.
Gaetschenberger, Ludwig, von Heidelberg.
Grandjean, Charles, von Yverdon.
Green, Charles, von Melbourne (Australien).
*Heidel, Wilhelm, von Köln.
*Meder, Louis, von Heidelberg.
Metzler, Albert, von Rohrbach bei Sinsheim.
Metzler, Eduard, von Rohrbach bei Sinsheim.
Münz, Karl, von Ladenburg.
Wölfel, Johann, von Heidelberg.
Wohlfahrt, Georg, von Heidelberg.
Würth, Otto, von Ittlingen.

6. 32.

OBER-QUINTA.

Crecelius, Albert, von Opfingen.
Delffs, Otto, von Heidelberg.
Hanser, Ludwig, von Möhringen.
Hottinger, Christlieb, von Singen.
Pfisterer, Albert, von Heidelberg.
Thibaut, Georg, von Heidelberg.

Gast.

Leers, Hermann, von Wiesloch.

7.

UNTER-SEXTA.

Alt, Karl, von Dürrheim.
Antoni, Emil, von Heidelberg.
Baumann, Franz, von Ladenburg.
Blaum, Rudolf, von Heidelberg.
Breunig, Franz, von Bretten.
*Holzer, Gustav, von Grosssachsen.
Junker, Friedrich, von Memprechts-
hofen.
Kah, Karl, von Freiburg.
Lewald, Ferdinand, v. Heidelberg.
Silbereissen, Karl, v. Wiesloch.
*Stadtmüller, Hugo, von Gams-
hurst.
Stockert, Wilhelm, v. Hungheim.

Gäste.

Bucher, Jakob, v. Grosseicholzheim.

Förster, Jakob, von Neckarmühl-
bach.
Käser, Heinrich, von Bretten.
Müller, Albert, von Götzingen bei
Buchen.
d'Obrescoff, Dimitri, von Peters-
burg.
Spiegel, Oskar, von Petersburg.
Steigmeier, Meinrad, von Ober-
Endingen.
Stiefel, Johann, von Ottenheim.
Weber, Christian, von Waldangel-
loch.

2.   21.

OBER-SEXTA.

*Brian, Octav, von Stebbach.
*Grimm, Friedrich, von Reihen.
Gurlitt, Jakob, von Eppingen.
Kortüm, Friedrich, von Heidelberg.
Reinmuth, Johann, von Ladenburg.
Schenkel, Bernhard, von Schaff-
hausen.
Schenkel, Karl, von Schaffhausen.
Schulz, Friedrich, von Heidelberg.

Gast.

Pirogoff, Wladimir, von Petersburg

2.   9.

Zwei

Schulreden und Bemerkungen pädagogischen Inhalts

nebst

Aphorismen aus dem Grenzgebiete der Theologie und der klassischen Alterthumswissenschaft.

Verfasst

von

G. Helferich,
Professor.

Beilage zu dem Herbstprogramme des Grossherzoglichen Lyceums zu Heidelberg.

Heidelberg.
Druck von A. H. Avenarius.
1863.

Zwei Schulreden

und

Bemerkungen pädagogischen Inhalts.

Wissen und Kunst im Vereine mit Religion sind höh'ren
Lebens gezeitigte Frucht, Zierden des Fürsten und Volks.

Lebt in dem Volke die Liebe zu Gott, und beseelt sie den Fürsten;
Liebe verbindet sofort beide zum Dienste des Herrn.

Hoheit strahlend erscheinet, dem Tagesgestirne vergleichbar,
Unter dem liebenden Volk glücklich der liebende Fürst.

HELFERICH.

Vorwort

in

Aphorismen,

durch Zeichen der Zeit hervorgerufen.

In Sachen des Geistes entscheiden nicht Massen, sondern gereifte Geister. Ein grosser Geist bricht dem Fortschritte der Menschheit oft Bahn auf Jahrtausende.

Humanität ist die wahre, von Gott gewollte, edle Menschenbildung; Humanitätsstudien aber sind die durch Erfahrung von zwei Jahrtausenden erprobten Mittel zu deren Herausbildung.

Humanitätsstudien waren in alter und neuer Zeit die stete Vorstufe zum Ehrentempel grosser Männer; aus Dank haben diese sie auch ihren Volksangehörigen stets angelegentlichst empfohlen.

Wissenschaft und Kunst haben im klassischen Boden der Griechen und Römer am tiefsten Wurzel geschlagen; aus ihm erwachsen sie unter dem warmen Sonnenlichte des Christenthums zu fröhlichem Gedeihen.

Gesunde Jugend bedarf gesunder Nahrung; die gesundeste Nahrung zur Bildung des Geistes und des Herzens bieten aber der Jugend die Erzeugnisse (Werke) der Griechen und Römer: sie sind einfach, kräftigend, befähigend für alles Vorkommende und bieten Totalität der Bildung.

Echte Erziehung und Bildung der Jugend fasst nicht die nähere Bestimmung des Menschen, den Beruf, allein in das Auge, sondern die höhere Bestimmung desselben, als gottgeistiger Mensch nach seinem Masse zur Verherrlichung dessen zu dienen, der dazu ihn mit Kräften, Gaben und Mitteln ausgerüstet hat.

Erziehung und Bildung ist vor Allem Herausbildung der gottgewollten und gottgewirkten Gemeinschaft mit Gott: sie ist religiös.

Wer bei solcher Erziehung und Bildung in Gemeinschaft mit Gott steht, mit andern Worten, wer Wissenschaft und Religiosität charaktervoll in sich vereinigt, der ist auf dem wogenden Meere des Lebens nicht nur stark und rüstig, sondern auch ruhig und sicher; er steht auf wohlgebautem Schiffe am Steuer und fährt unter Gottes Leitsterne mit sicherem Fernblicke dem sicheren Hafen des Lebens zu.

Das Nützlichkeitsprinzip, welches man unserer Zeit aufzudrängen sucht, ist einer fata morgana vergleichbar. Je mehr man in der Erziehung und Bildung der Jugend damit das Beste des Menschen erstrebt, desto weiter entrückt dasselbe; jedes Fortschreiten in der beschränkten, niederen und einseitigen Berufsbildung, welche auf dem Prinzipe der Nützlichkeit beruht, ist ein Rückwärtsschreiten in der echten, bestimmungstreuen und allseitigen Humanitätsbildung: Geschick ist noch nicht Bildung.

Ein Zeitalter, welches dem Nützlichkeitsprinzipe unbedingt huldigen und der Humanitätsbildung den Rücken kehren wollte, trüge den Fluch seines Gebarens in sich. Es mühete sich für vermeinten Fortschritt ab und bauete doch nur eine Brücke, welche aus dem Lichtgefilde einer schönen Vergangenheit in das fern hingestreckte Gebiet dunkelnder Barbarei hinüberführte.

Ein Zeitalter, welches, den Werth einer idealen Richtung des Geistes verkennend, den Blick statt nach oben*) vorherrschend nach unten richtete und über dem äusseren das innere, gottinnige Leben verkommen liesse, würde, so geistreich es sich dünken möchte, doch weder grosse Geister, noch tüchtige Charactere hervorbringen.

Ein Zeitalter, sagt endlich in Bezug auf unsere Zeit F. W. Tittmann, soll sich doch ja nicht viel mit seiner Bildung dünken, das die Herrlichkeit der altclassischen Welt des Griechen- und Römerthums und den Werth ihres Studiums zweifelhaft macht.

---

*) Auf das edlere Bedürfniss des Lebens.

I.

Die Schule in ihrem Verhältnisse zu dem Leben.

Rede, gehalten im Schlussacte der Prüfung.

> Es giebt für die Jugend nur ein Ziel, die vollkommenste Herausbildung der Humanität, und nur einen Weg, die naturgemässeste Entwickelung der Kraft.
>
> Schwarz.

Hochgeehrteste Versammlung!

Am Schlusse des Jahreskursus liegt es mir ob, nachdem die Leistungen der Schule aus dem Resultate ihrer öffentlichen Prüfungen erkannt worden sind, bei dieser Gelegenheit feierlicher Preisvertheilung und Promotion der Schüler ein Thema zu behandeln, welches Ihrer Aufmerksamkeit und Beachtung, hochgeehrteste Versammlung, würdig ist. Nicht will ich eingehen auf das, was zur Hebung dieser Anstalt speciell von Nöthen ist; nicht will ich berühren, welche Zusammenwirkung ungünstiger Verhältnisse dieselbe eine Zeit lang von der Erreichung ihres vorgesteckten Zieles mehr und mehr entfernt hat: einen Gegenstand erlaube ich mir vielmehr Ihnen vorzuführen, welcher für Schule und für Leben von gleich hoher Bedeutung ist, das Verhältniss nämlich der Schule zu dem Leben[1]).

Schule und Leben sind es also, welche dieser kurzen Ansprache hier zu Grunde liegen. Wahrlich, gewichtige und höchst inhaltvolle Worte!

Schauen wir mit achtsamem Auge auf den Knaben, so finden wir, wie in der Knospe die Blüthe, so in ihm den Jüngling und den Mann schon vorgebildet. Lebt er auch, wie einer der wackersten Schulmänner unserer Zeit bemerkt²), in einer andern Welt, als diese ist; mühet er auch nicht um dauernden Besitz, um dauerndes Gut sich ab; hat er auch noch keinen bestimmten Beruf erwählt oder irgend ein Interesse daran kund gegeben: so ringet er doch mit seiner zunehmenden Kraft nach momentanem Gute, nach momentanem Besitze bei seinen Jugendfreunden, und das Spiel ist es, welches bei ihm die Stelle des Berufes vertritt und zu seiner Würdigung und Geltung unter den Zeitgenossen die erste Grundlage bildet. Zu diesem Ernste nun im Spiele, zu diesem Spiel im Ernste hat, wie derselbe Pädagoge mahnt, die Schule [bei den Römern bezeichnend genug ludus oder Spiel genannt³)], sich herabzulassen, um so den Thätigkeitstrieb des Knaben für sich zu gewinnen und ihn erziehend, lehrend, bildend, mit einem Worte unterrichtend zu sich emporzuheben und die seinem Dasein zu Grunde liegende Idee⁴) an und in ihm mehr und mehr Ausdruck und Gestalt gewinnen zu lassen. Ferne also davon, die Vorbereitung zu einem Fache nur zu sein⁵), — oder weiss der die Schule besuchende Knabe etwa schon, was für Kenntnisse er einst im Leben noch bedarf, oder überhaupt nur, in welchem Fache er sich zu bewegen haben wird? — ferne ebenso davon, von aussen her formen und bilden zu wollen: ist die Schule vielmehr eine Vorbereitung für ein Leben, welches von den Schranken engherzigen Erwerbes ungehemmt, wie es aus Gott hervorgegangen ist⁶), so aus dem selbsteigenen Innern sich entwickelnd in Gott, dem Geoffenbarten und Dreieinigen, sich einzupfropfen sucht⁷). Und das Mittel, welches die Schule, die ich hier im Auge habe, die gelehrte Mittelschule, mit dem Leben verbindet und durch welches sie die Jugend in dieses, nach seiner höchsten Bedeutung genommen, einzuführen sucht, es ist die Wissenschaft⁸).

Sie ist der Gegenstand, für welchen der Jugend Gemüths- und Seelenverfassung in der Schule empfänglich gemacht und begeistert, an welchem deren strebsamer Geist geübt und zur Arbeit gewöhnt wird, in welchem sie ihre Nahrung und durch welchen sie endlich auch alle wesentlichen Elemente ihres Lebens selber findet. Durch methodische Einführung in denselben giebt die Schule zugleich aber auch der Jugend das, was sie dereinst im Leben am meisten bedarf, neben dem Wissen auch das Können [9]), neben der Kenntniss der Dinge auch die Fähigkeit, das Wesen derselben zu erfassen und so Hülle und Kern, Schein und Wesen von einander unterscheiden zu können. Statt aber durch blosse Mittheilung der gewonnenen Resultate der Wissenschaft dem Gedächtnisse der Jugend allerlei Kenntnisse, Fertigkeiten und Kunstgriffe bruchstückweise einzuprägen und so der stäten und natürlichen Entwickelung des Jugendgeistes vorzugreifen und, wie J. P. Richter [10]) in seiner eigenthümlichen Weise treffend sagt, die Knospe vor der Zeit schon aufzubrechen, um ihr statt des eigenen Wohlgeruches fremden Bisam einzugiessen: statt dessen lässt sie die Jugend unter dem Alter entsprechender Mühe und Arbeit die für sie fasslichen Resultate der Wissenschaft selbst gewinnen. Dem Verlangen des Zeitgeistes, — warum sollte ich ihn nicht nennen? — des Egoismus mit seinem traurigen Gefolge, dem Geize, der Hab- und der Genusssucht entgegentretend, führt sie so nimmermehr zu krankhafter Frühreife [11]), zu jener Anmassung, über Gegenstände zu urtheilen und Dinge zu bekritteln, deren oberflächliche Kenntniss — von Erkenntniss kann hier nicht die Rede sein — bei näherer Beleuchtung, gleich luftigen Dunstgebilden, sich in Nichts verliert, sondern zu einer in geistiger Arbeit geübten, unter den überwundenen Schwierigkeiten bescheiden gewordenen geistigen Kraft und Freiheit [12]), welche zu dem erwählten Berufe ebensowohl befähigt, als, wie sehr der Blick auf die dem Innern eingesenkten Ideale im Berufsleben auch gerichtet ist, dem Bestehenden in seinen Grundlagen und Gesetzen stets gehorsam, treu und ergeben macht.

Wenn nun aber auch mathematische Wissenschaft durch ihre Beweisführung den Verstand, Naturwissenschaft durch Enthüllung und Nachweisung des Göttlichen im Natürlichen das Gemüth nähret und bildet, so vermag doch keine dieser

Wissenschaften den ganzen Menschen zu erfassen. Sein tiefstes und erhabenstes Werk, des Geistes lebenvolle Verkörperung, die Sprache allein vermag es, auf ihn in seinem ganzen Sein und Wesen nach Verstand, Gemüth und Willen einzuwirken und alle Saiten seines innersten bewegten Lebens an- und harmonisch weiterklingen zu lassen [13]). Sprache ist darum, so lange eine gesunde Erziehungslehre in der Geschichte nachweisbar ist und unter den Menschen überhaupt nur Geltung haben wird, der mit Recht bevorzugte Gegenstand des Unterrichts [14]). Vom wechselvollen Geschrei vorlauter Hemisophen unbeirrt [15]) bietet eben desshalb denn auch die Schule, mit dem trefflichen Lübker zu reden [16]), fort und fort des Geistes schönsten Blüthenstaub in den abgeschlossenen Sprachen des jugendlich frischen Alterthums der frischen Jugend jeder Zeit zur geistigen Nahrung, Kräftigung und Stärkung an, und wo sie solches nicht vermag [17]), giebt sie Ersatz in dem, was der Ungunst unserer der naiven Jugendwelt entrückten complicirten Zeitverhältnisse zum Trotz dem Alterthume an Einheit zwischen Sache und Wort, zwischen Natur und Kunst [18]), an plastischem Gepräge der dem guten Inhalte entsprechenden Form [19]) am meisten ähnlich und darum auch für Jeden, je nach dem Masse der Fassungskraft sich ihm darbietend, mustergiltig und geeignet ist.

Verfährt unsere Schule nun in dieser Weise, dann wird ihr Ringen und Streben, die Menschenkraft zur freien Erscheinung der Humanität in der Jugend hervortreten zu lassen, unter dem erleuchtenden und erwärmenden Lichte der Religion [20]), sofern das elterliche Haus ihre Aussaat der Umarbeitung nicht ermangeln lässt [21]), des für Mit- und Nachwelt erfreulichen Erfolges nicht entbehren. Sagt doch im griechischen Alterthume der gefeierte Sänger Pindar schon [22]):

> Durch Arbeit in der Jugend, gethan nach Rechtes Gebühren,
> Erblühen beim Alter Tage glücklichen Lebens noch;
> Denn lange lebt das Heil Gottfürchtender.

Ja, das durch die Weihe der Religion geheiligte Streben der Mehrheit ihrer Schüler wird, auch wenn sie die Schule längst verlassen haben, in dem Berufe ihrer Wahl, von welcher Art er immer sei, nie ein in der Niedrigkeit des Alltaglebens des Aufschwungs zum Erhabenen unfähiges, niedriges und gemeines sein [23]). Mit Dank auf die Schule zurückblickend, in deren engem Raume sie zuerst die Fittige des Geistes zum Fluge haben gebrauchen lernen, werden sie vielmehr, wenn das Gelernte längst vergessen, wenn die angesetzten Blüthen längst schon abgefallen und gedeihliche Früchte an deren Stelle getreten sind, mit einem der geistreichsten Staatsmänner des vorigen Jahrhunderts, mit dem weisen Lord Chatam sagen [24]):

> Dem Gedächtniss ist zwar das Gelehrte verschwunden;
> Doch in Geist und Gemüth hat es Leben gefunden.

II.
Jesus Christus, der Mittel- und Wendepunkt alles geistigen Lebens in Menschheit und Geschichte.

Rede, gehalten am Tage vor dem heiligen Weihnachtsfeste.

Einer ist euer Meister, Christus.
Matthäus.

Aufgefordert, zur Verherrlichung der heutigen Vorfeier des Geburtsfestes unseres Heilandes Jesu Christi im Namen der Lehrer an die Zöglinge der Anstalt das Wort zu richten, habe ich bereitwillig und mit Freude dieser Aufforderung entsprochen. Denn wer sollte bei einem solchen Anlasse sich nicht von freudiger Begeisterung ergriffen fühlen, zur Ehre dessen, der von des Himmels Höhe zur Tiefe der Erde herniederstieg, um von der Erdentiefe zur Höhe des Himmels emporzuführen, das Wort zu ergreifen und es empfänglichen, jugendlichen Gemüthern vorzuführen? Wer, der nur immer die hohe Bedeutung dieser festlichen Zeit für Jung und Alt erkennt, wird in schweigsamer Stille da zurückstehen wollen, wo Tausende von Herzen in überschwenglicher Freude sich ergiessen und den Herrn der Heerschaaren mit laut erhobener Stimme dankend verherrlichen und preisen? Auch aus unserem Munde erhebe sich sein Lob; auch aus unserem Kreise töne mit feierlicher Stimme zum Himmel es zurück:

> Ehre Gott in der Höhe und auf Erden Friede,
> Unter den Menschen Wohlgefallen!

Wenn man in den ersten Stunden eines Frühlingsmorgens hinausgeht in die freie Natur, so sieht man Himmel und Erde noch geschwisterlich vereinigt in grauer Dämmerung [25]). Bald aber scheiden sich dieselben. Der blaue Himmel kleidet sich in den Purpur und das Gold der Morgenröthe, und die festlich grüne Erde bereitet sich mit den Tausenden ihrer Bewohner darauf vor, die nahende Spenderin des Lichtes und der Wärme, des Lebens und Gedeihens, die majestätische Sonne, in würdiger Weise zu empfangen. Endlich erscheinet sie, die heiss ersehnte, und ihre erfreulichen Gaben breiten sich aus über Himmel und über Erde.

> Wiesen prangen nun in des Lenzes Anmuth
> Auf der neu verjüngeten Erd'; es perlet
> Bunt des Thaues Tropfen am Halm des Grases,
> Flimmert im Lichte.
>
> Und aus enger nächtlicher Hüll' des Keimes
> Springen lächelnd Blümchen im Festgewande;
> Duftend röthen Rosen sich, athmen holde
> Liebe der Schöpfung.

Leben und Heiterkeit herrschet im weiten Kreise der Welten und bringet ihr Lob dem Herrn, dem Geber des Lichtes [26]).

Gerade so, nur unendlich erhabener und majestätischer, rührender und ergreifender stellt sich für einen Jeden, dessen geistiges Auge nicht getrübt oder verschlossen ist, die Herrlichkeit Gottes auch in der Welt des Geistes dar.

In düsteres Dunkel gehüllt liegen die ersten Anfänge des grauen Alterthums. Doch allmählig durchbrechen die lichten Strahlen göttlicher Offenbarung die öde Stille des Dunkels. Heidenthum, besonders klassisches Heidenthum, und Judenthum, beide stellen neben dem düsteren Bilde, das sie uns bieten, doch auch diesen schönen Anblick des allmähligen

Hervorgehens des göttlichen, ursprünglich in den Menschen gelegten [27]), aber durch seine Schuld verkommenen Lichtes unter den Menschen dar, lassen voll frischer Natürlichkeit und innerer Wahrheit die Streiflichter der geoffenbarten Herrlichkeit Gottes in ihren hinterlassenen Werken mit dem Glanze einer schimmernden Morgenröthe vor unsern Augen erscheinen und erfreuen uns in unserem Herzen als Herolde und Vorboten der in Christo zur Vollendung gekommenen und vollendet hervorgetretenen ewigen, göttlichen Wahrheit. Und zur Freude eben dieses Anblicks des aufgehenden Lebensmorgens unter den Menschen wollen, geliebte jugendliche Freunde und Brüder in dem Herrn, diejenigen, welche Euch als ein heiliges, von Gott vertrautes Kleinod achten, schätzen und lieben, Euere Lehrer Euch hinführen und geleiten. O folget ihnen; folgt ihrer treuen und wohlgemeinten Führung, und stärket Euere Brust mit der erfrischenden Lebensfülle, welche aus dem jugendlich kräftigen Alterthume, wie das Säuseln eines sanft erquickenden Morgenwindes, Euch entgegenweht! Schauet mit den Augen Eueres Geistes hin auf das heitere Gottvertrauen, wie es auf dem Antlitze jenes weisen und frommen Philosophen unter den heidnischen Griechen, des Sokrates, vor seinen Richtern und auf dem Todbette sich noch abspiegelt, auf jene' vertrauenvolle Ueberzeugung, dass dem guten Menschen weder im Leben, noch im Sterben irgend etwas Böses begegnen könne, da die Gottheit für sein Schicksal Sorge trage; dass, wer ihr folge, dem es im Leben, wie im Sterben unfehlbar wohl ergehe [28])! Schauet hin auf jenen weisen und vortrefflichen Römerfürsten, auf den Kaiser M. Aurelius, welcher sich in edeln Worten mit der Mahnung an Euch wendet: Kurz ist das Leben, und die einzige Frucht des irdischen Daseins sind fromme Gesinnungen und gemeinnütziges Wirken [29])! Schauet hin auf die heitere Zuversicht, wie sie in den hinterlassenen Werken des weisen und frommen Königs David unter den gottgläubigen Israeliten sich ausspricht, auf jene vertrauenvolle Hingebung an den Herrn des Lebens und des Todes, in welcher er voll Begeisterung ruft: Herr, Herr, wenn ich nur dich habe, dann frage ich nichts nach Himmel und Erde; wenn mir gleich Leib und Seele verschmachtet, so bist du doch, Gott, allezeit meines Herzens Trost und mein Theil[30])! An dem Leben solcher Männer des Alterthums kräftigt Euer Leben, an ihren Gedanken Euere Gedanken, und sammelt, um mit einem weisen Denker desselben Alterthums zu reden, so lange die Zeit vergönnet ist, auf der Insel dieses Lebens zu weilen, die kostbaren Perlen der Weisheit und der Tugend, welche in den Schriften derselben hinterlassen sind und durch die gewissenhafte Sorgfalt Euerer Lehrer Euch stets mehr und mehr zugänglich und nutzbar gemacht werden[31]); sammelt sie ein als ein kostbares Vermächtniss der Vergangenheit, als ein unversiegbares Zehr- und Reisegeld auf der Wanderung durch das Leben[32]), und sie werden Euch im Glück und im Unglück, in Gegenwart und in Zukunft reichliche Früchte für Euer inneres und äusseres Leben abgeben. Aber erinnert Euch dabei, — ich beschwöre Euch darum, — erinnert Euch, dass das Alterthum mit allen seinen Künsten und Wissenschaften, mit all seiner Weisheit und Tugend seine wahre Bedeutung und seinen wahren Werth erst hat in seiner Beziehung auf das Christenthum. Heiden- und Judenthum trugen die Anlagen zur wahren Religion des Christenthums ursprünglich schon in sich und strebten beide mit ihrer Sehnsucht nach Aenderung des Sinnes und Besserung des Herzens, mit ihrem heissen Verlangen nach Sühnung und Versöhnung mit dem allwaltenden Gotte, mit ihrem Ernste endlich im Denken und ihrer Thatkraft im Leben unter der Einwirkung des ewig wirksamen Gottesgeistes rastlos und unaufhaltsam vorwärts zu dem Christenthume[33]). Dieses dagegen wurzelt trotz seiner überirdischen Abkunft doch immerhin nach seiner weltgeschichtlichen Erscheinung in Heidenthum und Judenthum. Sind diese die morgenröthlichen Strahlen des aufgehenden Lichtes unter den Menschen, so ist das Christenthum das ins Leben hervorgetretene Licht der in Christo offenbar gewordenen Gnade und Herrlichkeit Gottes, wovon jene nur die Vor- und Anzeichen gewesen sind[34]). Ja Christus, unser Heiland, zu dessen Geburtsfest heute diese Vorfeier unter uns stattfindet, er ist der Mittel- und Wendepunkt alles geistigen Lebens in Menschheit und Geschichte. Mit ihm hört die alte Zeit in ihrer sonst so hohen geistigen Bedeutsamkeit auf und eine neue Zeit beginnt, eine Zeit, in welcher Glaube und Hoffnung sich gegenseitig durchdringen und durch Liebe, thatkräftige christliche Liebe im Leben sich bethätigen. Er ist die Sonne, welche die alte Nacht der Unwissenheit, des Aber- und des Unglaubens unter den Menschen vollends verscheuchet und Licht und Wahrheit, Leben und Seligkeit auf Erden gebracht hat [35]). Lernet darum, geliebte Freunde und Brüder in dem Herrn, Eueren Heiland vor allem Andern in dem Buche aller Bücher, in der heiligen Schrift, stets näher und näher kennen! Lernet ihn kennen, wie er als schwaches Kindlein im ärmlichen Stalle liegt, während himmlische Heerschaaren seinen Eintritt in die Welt begrüssen und lobpreisen [36]); lernet ihn kennen, wie er als Knabe aufs ernstlichste im Tempel zu Jerusalem mit seinem Gott und Vater im Himmel sich beschäftigt, während seine Eltern auf Erden ihn für verloren halten [37]); lernet ihn kennen, wie er als Mensch voll Demuth, gleich andern Juden, vor Johannes dem Täufer zur Taufe erscheinet, während Gottes Stimme vom Himmel ihn als seinen Sohn verkündet [38]); lernet ihn endlich kennen, wie er lehrt und wie er wirkt, wie er lebt und wie er stirbt, für Euch stirbt, damit Ihr lebt! Habet sein Bild vor Augen; traget ihn, den warmen Menschen- und wärmsten Jugendfreund, voll Liebe in Euerer jugendlichen Brust, damit er, wie ein kleiner Funke ein gewaltiges Feuer erreget, so bis in die innersten Falten Eueres Herzens in Euch ein heiliges Feuer entzünde, welches Euch erleuchte, wärme, läutere und zu Kindern und Erben Gottes verkläre! Gebt Euch mit Allem, was Ihr seid, in der Wiedergeburt des Glaubens Euerem Herrn, und er, der Herr, wird sich mit Allem, was er ist, auch Euch geben, so dass Ihr mit Paulus, dem Apostel, sagen könnt: Ich lebe, doch nun nicht ich, sondern Christus lebet in mir [39])! Er sei der Leitstern auf Euerem Lebenswege, der Grund, in welchem

Eueres Lebens Anker sich versenke. In ihm lebend habt Ihr den rechten Massstab der Beurtheilung für Heidenthum und für Judenthum, und Euere Studien gewinnen so die Richtung, welche allein zum wahren Ziele derselben, zur Erkenntniss der in Gott gegründeten Wahrheit führt. Wie die Rebe an dem Weinstock[40]), so haltet auch Ihr an Christum fest, und Euer Wissen und Euer Wollen, Euer Denken und Euer Handeln wird alsdann aus einem bloss natürlichen ein echt christliches, in Christo verklärtes werden. Im raschen Siegeslaufe werdet Ihr, von dem Treiben der Welt rein und unversehrt, wie in der Jugend, so im Alter

>   Den Fuss im Festen,
>   Den Blick zum Besten,

die Bahn der Tugend stets unverrückt verfolgen, und wenn die Stunde Eueres Scheidens nahet, dann werdet Ihr im heiteren Bewusstsein eines gut und christlich vollbrachten Lebens dahin gehen, wo die Frommen den Lohn der Frömmigkeit und die in dem Herrn Geweiheten das Erbe der Verheissung empfangen werden. Denn gross ist, um des Lebens und Todes unseres Heilands Jesu Christi willen, der Lohn der Gläubigen, gross, überschwenglich gross der Lohn derer, welche ihren Glauben, ihre Liebe und ihre Hoffnung auf Christum setzen und so, ihrer menschlichen Bestimmung gemäss, in der innigsten Verbindung mit ihm, dem Heilande, zur Gottähnlichkeit emporstreben[41]).

>   Das Herz im milden Licht
>   Des Christusglaubens bricht,
>   Wie Frühlingsrosenflor, mit Liebesmacht
>   In schöner Thaten reicher Blüthenpracht
>   Zum Himmel auf; es zieht,
>   Von Tugendruhm umglüht
>   Und gotterfüllt, aus ird'scher Trümmerwelt,
>   Der Sel'gen Chor im Jubel beigesellt,
>   Hinauf von Stern zu Stern
>   Zu Christo, seinem Herrn.
>   Der Leib vergeht; des Geistes Hülle fällt;
>   Doch seines Glaubens Kraft besiegt die Welt[42]).

Bemerkungen pädagogischen Inhalts*).

Zu Rede I.

1) Ueber dasselbe Thema handelt Direktor Schmidt zu Wittenberg in seiner Antrittsrede vom 10. Oktober 1842. Die Wissenschaft, sagt er darin, ist das verbindende Element zwischen Gymnasium und Leben. Aufgabe der Schule ist es, die Jugend zur Erfassung derselben zu befähigen. S. Sechs Reden am Gymnasium zu Wittenberg gehalten von Dr. H. Schmidt, Halle 1851, Rede 1 und 6.

2) S. F. A. Finger's Abhandlung über die häuslichen Sorgen um das Schulleben der Kinder, Frankfurt a. M. 1846.

3) Vergl. T. Liv. Pat. hist. 6, 25 §. 9 und Cic. de orat. lib. 2. cp. 22. §. 94: Ecce tibi exortus est Isocrates magister istorum omnium, cujus e ludo, tamquam ex equo Trojano, meri principes exierunt, sowie zur Erläuterung des Ausdrucks Plat. de rep. lib. 7. p. 537. A.: $M\grave{\eta}$ $\tau o\acute{\iota}\nu\nu\nu$ $\beta\acute{\iota}\alpha$, $\check{\wp}$ $\check{\alpha}\varrho\iota\sigma\tau\varepsilon$, $\tau o\grave{\nu}\varsigma$ $\pi\alpha\tilde{\iota}\delta\alpha\varsigma$ $\dot{\varepsilon}\nu$ $\tau o\tilde{\iota}\varsigma$ $\mu\alpha\vartheta\acute{\eta}\mu\alpha\sigma\iota\nu$, $\dot{\alpha}\lambda\lambda\grave{\alpha}$ $\pi\alpha\acute{\iota}\zeta o\nu\tau\alpha\varsigma$ $\tau\varrho\acute{\varepsilon}\varphi\varepsilon$, $\emph{\'{\i}}\nu\alpha$ $\varkappa\alpha\grave{\iota}$ $\mu\tilde{\alpha}\lambda\lambda o\nu$ $o\tilde{\iota}\acute{o}\varsigma$ $\tau'\tilde{\eta}\varsigma$ $\varkappa\alpha\vartheta o\varrho\tilde{\alpha}\nu$ $\dot{\varepsilon}\varphi'$ $\ddot{o}$ $\dot{\varepsilon}\varkappa\alpha\sigma\tau o\varsigma$ $\pi\acute{\varepsilon}\varphi\nu\varkappa\varepsilon\nu$, ferner Quintil. inst. orat. lib. 1. cp. 1.: id in primis cavere oportebit, ne, studia qui amare nondum potest, oderit et amaritudinem semel perceptam (l. praeceptam) etiam ultra rudes an-

---

*) Diese hier beigefügten Bemerkungen sind ferne davon, einen Commentar zu den Reden abgeben zu wollen, dessen sie wahrlich nicht bedürfen; sie enthalten vielmehr nur die Stimmen von in dem Schul- und Erziehungswesen als Autoritäten anerkannten Männern zum vollgültigen Belege der Richtigkeit des Gesagten.

nos reformidet. Lusus hic sit. „Das ganze Leben", sagt F. W. Tittmann in seinem Werke über die Bestimmung des Gelehrten, Berl. 1833, S. 20, „ist Spiel der Kräfte, ein höheres, je höherer Natur die Kräfte sind, welche ins Spiel gesetzt werden. Man möge darum ja nicht in dem Worte Spiel Entwürdigung suchen. Ludit, so heisst es in Ovid. epp. ex Pont. ser. 4, 3, 49, in humanis divina potentia rebus.

4) In beiden Richtungen (nach aussen und innen), erklärt der ehrwürdige Pädagoge F. G. E. Föhlisch in seinen Grundzügen der allgemeinen Menschenbildung mit Anwendung auf Schulpläne, Werth. Progr. 1853, S. 33, folgt der Selbstentwickelungstrieb, seinem Urbilde treu, dem Gesetze der Ebenbildlichkeit, indem er ungestört nur Abbilder von sich selbst entfalten und Nichts aus sich schöpfen und schaffen kann, als was er dem Keime nach schon in sich hat.

5) Professor Seebold sagt in seiner im Programme der Mannheimer höheren Bürgerschule des Jahres 1845 enthaltenen Rede S. 12: Wird der Schüler für das Leben gebildet, so wird er sicher auch für seinen Beruf gebildet. Lässt man ihn dagegen nur das lernen, was er in seinem künftigen Berufe anwenden soll, so geschieht es nur allzu häufig, dass er für das Leben Nichts und für seinen Beruf sehr wenig gewinnt. Ebenso erklärt F. W. Tittmann a. a. O. S. 101: „Das Erlernen für einen Gebrauch kann vergeblich sein, nie aber das Erlernen für Geistesbildung, welches stets seines Zweckes Erreichung in sich selber hat ..... Das Abrichten ist Ausdehnung des unermesslichen Reichs der Mittelmässigkeit." F. G. E. Föhlisch äussert sich endlich in seinem Vorworte zur Vermittelung der pädagogischen Gegensätze unserer Zeit im Werth. Progr. des Jahres 1843. S. 10: Die wissenschaftliche Geistesbildung reicht über die Bedürfnisse des Berufslebens hinaus; um dasselbe zu verbessern, muss der Beamte über seinem Berufe stehen, ihn nach Ideen gestalten und den geistigen Zusammenhang der Gliederung des Staates übersehen, wenn er nicht in Gefahr gerathen soll, in den eisernen Mechanismus des Handwerks herabzusinken.

6) S. F. G. E. Föhlisch a. a. O. S. 7: Bilden (to build) ist bauen und darstellen nach einer Idee, welche in einem Stoffe für die Sinne hervortritt; das Menschenleben aber ist eine Energie des Geistes, welche von Gott ausgeht. Dem entsprechend sagt denn auch Dr. Heffter in seiner kritischen Beurtheilung von L. Noack's Mythologie und Offenbarung in den Jahn'schen Jahrbüchern Bd. 51. H. 2. S. 99 ff.: Es muss eine Anlage von Hause aus vorhanden sein; sonst würde der Mensch Religion nicht haben. Sie ist als Embryo im menschlichen Geiste schon da von Anfang an; die Aussenwelt ist es, welche diese Anlage dazu bringt, sich zu regen und zu äussern. Es ist damit, fügt er hinzu, wie mit der Sprache (s. W. Humboldt's gesammelte Werke. Bd. 3. S. 252). Die Sprache liesse sich nicht erfinden, wenn nicht der Typus schon in dem menschlichen Verstande vorhanden wäre.

7) F. W. Tittmann sagt in seinen Blicken auf die Bildung unserer Zeit, Leipzig 1835, S. 172: Der Seele die Richtung auf das Höhere zu geben, ist das tiefste Wesen der Erziehung zur Religiosität. Ist die Bildung, sagt ferner der vielcitirte F. G. E. Föhlisch in seinen Grundzügen der allgemeinen Menschenbildung, Werth. Prog. 1853, S. 10 f., eine Geistesarbeit und Offenbarung des Göttlichen im Menschen, so entwickelt sie sich von innen nach aussen, wie alle Naturgebilde, nicht von aussen nach innen, wie das künstliche Werk der Hände. Sie ist der Preis gottinniger Liebe zum Guten, Wahren und Schönen, die sich durch Begeisterung und Selbstthätigkeit aus göttlichen Urbildern entfaltet und den Menschen als solchen nach Massgabe seiner geistigen Entwickelung mit Werth und Würde schmückt. Dieses erhabene Ziel schon in der Jugend anzubahnen, ist die Aufgabe der Erziehung und des Unterrichts oder der Menschenbildung. Ebenso äussert er sich in dem Vorworte zur Vermittelung der pädagogischen Gegensätze unserer Zeit, Werth. Progr. 1843, S. 8: Wie Gott selbst ein ewiges Leben des Geistes und der Liebe ist, so auch sein Ebenbild, der gottesgeistige Mensch, welcher sich durch die Liebe zur Tugend, Wahrheit und Schön-

heit zu einem urbildlichen Geistesleben emporhebt und nach dem Masse seiner Entwickelung im Göttlichen beseligt.

8) Erhaben, so spricht Direktor Hess in seinen im Helmstädter Progr. des Jahres 1850 enthaltenen drei Schulreden, und zwar in Rede 2 S. 8, ist der Beruf des Jünglings; sein Streben gilt dem höchsten Gute des Menschen, der Ausbildung seines Geistes durch die Wissenschaft. Das Bewusstsein dieses erhabenen Berufes, in welchem sich die wahre Menschenwürde zeigt, begeistert ihn in seinem ganzen Dichten und Trachten. Adel der Gesinnung adelt das wissenschaftliche Streben des studirenden Jünglings nach echter Geistesbildung. Damit möge nun aber auch noch verglichen werden, was gewissermassen zur Erläuterung des Obigen F. G. E. Föhlisch in seinem mehrerwähnten Vorwort S. 6 sagt: Nicht die Wissenschaft als solche ist schon der Zweck der gelehrten Mittelschule, sondern ihre Grundlegung in der allseitigen und harmonischen Durchbildung der Menschenkraft, in der Entwicklung der Liebe zur Wahrheit, welche auch im Kleinen schon das Grosse, im Unscheinbaren das Wichtige beachtet und findet.

9) Der wissenschaftlich Gebildete, so heisst es in dem Regulative für die Gelehrtenschulen im Königreiche Sachsen, S. 10, nach Bartholomäi's Rec. in der Jen. Pädag. Vierteljahrsschrift J. 4. H. 1. S. 135 f., bedarf in jeglichem Berufe nicht allein des Wissens, sondern auch des Könnens. Beides ihm thunlichst zu gewähren, ist die Aufgabe der Gelehrtenschule. Die Ausbildung des Geistes, äussert sich ferner H. Sauppe in seinen Schulreden, Weimar 1856, Rede 2. S. 17, ist der letzte Zweck aller geistigen Anstrengung, alles Studiums; Ausbildung des Geistes aber ist Weckung der in ihm schlummernden Kräfte. Wir werden nicht müde, sagt demgemäss auch P. M. in seiner Abhandlung über die Religiosität und den Religionsunterricht auf den Gymnasien (s. Neue Jahrbb. der Philol. B. 74. H. 4. Abth. 2. S. 175), darauf zu dringen, dass man sich endlich einmal in den gelehrten Mittelschulen nicht mehr Kenntnisse, sondern Kraft, nicht mehr

die Wissenschaft, sondern ein tüchtiges Können zum Ziele setze.

10) F. A. W. Diesterweg sagt nach P. J. Beumer's pädagogischen Gold- und Silberstufen, Wesel 1838, Nr. 166, S. 59: Die naturgemässe Stufenfolge der Entwickelung der Anlagen umkehren, die Entwickelung einer Anlage verfrühen wollen, heisst die Blüthenknospen mit Gewalt aufreissen und, wie J. P. Richter sich ausdrückt, in den Kelch fremden Bisam giessen, anstatt ihm bloss Morgensonne und Blumenerde geben.

11) S., ausser Plutarch's Schrift von der Kindererziehung, Leipzig 1777, B. 6. S. 41. R., namentlich Prof. Seebold a. a. O. S. 12; F. von Schiller's Abhandlung über die nothwendigen Grenzen beim Gebrauche schöner Formen, Haag 1830, S. 1268, und F. A. Finger a. a. O. S. 27: Mögen die Eltern die Kinder Kinder sein lassen, so lange sie es sind. Mögen sie dieselben bewahren vor Frühreife .... Die Aehre senkt erst dann, wenn sie nach langen Tagen von Regen befeuchtet und von der Sonne durchglüht ist, ihr goldenes Haupt der fröhlichen Ernte entgegen. Ganz ebenso äussert sich R. Dietsch in seiner Recens. von H. Kletke's Werke (das Alterthum in seinen Hauptmomenten dargestellt) in den J. Jahrbüchern Band 68. Heft 3. S. 314 f.: Unsere Zeit krankt an jener sich wissenschaftlich dünkenden, über Alles absprechenden und vor dem angestrengten Fleisse zurückschreckenden Oberflächlichkeit. Hüten wir uns, die Jugend derselben entgegenzuführen.

12) Wenn Dr. Schirlitz erklärt: Nur im Kampfe erstarkt die sittliche und geistige Kraft des Menschen (s. dessen Schulreden, im Gymnasium zu Nordhausen gehalten, Nordh. 1850, Rede 34); wenn F. G. E. Föhlisch in seinen Grundzügen der allgemeinen Menschenbildung a. a. O. S. 40 bemerkt: Die Geistesbildung schöpft den kräftigsten Nahrungs- und Bildungsstoff und seine Stärke aus den Wissenschaften und Künsten, welche den Vorbildern der Dinge entsprechen und innere Freiheit begründen sollen: so ist diesen Wor-

ten zugleich noch beizufügen, dass die namentlich durch Sprachstudien gewonnene Geistesbildung so ganz und gar Eigenthum der Menschen wird, dass über die Art, wie sie erlangt wird, die wenigsten ein Bewusstsein haben. Vergl. die Recens. von O. F. Becker's Streitschrift über die Gymnasien und Realschulen in den J. Jahrbb. B. 51. H. 2. S. 169.

13) F. W. von Schelling sagt nach Dietsch (s. Jahn. Jahrbb. Bd. 52. H. 1. S. 94): In der That Nichts, selbst nicht der Unterricht in der mathematischen Wissenschaft, der zwar an ein nothwendiges stufenweises Fortschreiten, aber nicht ebenso zugleich an freie Bewegung gewöhnt, kann jene Strenge, Dünkel und falsche Einbildung frühzeitig niederhaltende Zucht des Geistes, jene Gewöhnung an Stätigkeit und gleichmässiges Fortschreiten ersetzen, welche ein gründlicher Unterricht in den alten Sprachen gewährt. Daher hat man auch die Alterthumsstudien Humanitätsstudien genannt, weil durch sie diejenigen Eigenschaften im Geiste entwickelt werden, welche die Würde des Menschen ausmachen. Dessgleichen erklärt das Regulative für die Gelehrtenschulen im Königreiche Sachsen a. a. O. S. 135 f.: Humanistisch im weitesten Sinne des Worts, d. h. die Seele des Menschen allseitig ausbildend, soll der Gymnasialunterricht sein. Desshalb muss er vor Allem erziehend sein. Hierzu ist aber kein Unterrichtsgegenstand geeigneter, als die altklassischen Sprachen.... Da die Wissenschaften ferner im Alterthume wurzelten, so verlören die Juristen, Theologen, Mediciner u. s. w. den historischen Boden und ihre Selbständigkeit, wenn sie nicht Griechisch und Lateinisch verständen. Ebenso schreibt der grosse englische Parlamentsredner, Lord Brougham, in einem Briefe an Macaulay's Vater, wie Dr. Schnitzer (unter Verweisung auf die Beilage der Allg. Zeitung des Jahrg. 1860. Nr. 23.) im Ellwanger Progr. des J. 1860, S. 6. Anm. * bemerkt, unter Anderem: Ich ermahne Ihren Sohn aufs eindringlichste, sich Tag und Nacht die griechischen Vorbilder zu vergegenwärtigen. .... Die Griechen müssen durchaus Muster bleiben. Auch Thiers äussert sich

in einem Berichte über den mittleren Unterricht in der französischen Kammer des J. 1844 (s. C. Ullmann's Rede bei der dreihundertjährigen Jubelfeier des Lycceums zu Heidelberg, Heidelberg 1852, S. 16.): Das Alterthum, wagen wir es nur einem auf sich selbst stolzen Zeitalter zu sagen, das Alterthum ist das Schönste, was man auf der Welt hat. Unabhängig von seiner Schönheit, hat es für die Jugend einen Vorzug ohne Gleichen. .... Lassen wir darum die Jugend im Alterthume, wie in einer sturmlosen, friedlichen und gesunden Freistatt, die bestimmt ist, sie frisch und rein zu erhalten. Auch L. Lange erklärt in seiner Antrittsvorlesung über die klassische Philologie, Prag 1855, S. 16: In der Erhaltung der griechischen und lateinischen Literatur, der hellenischen und römischen Kunstwerke, spricht sich ein unbefangenes Urtheil der Weltgeschichte aus. Sie sind als Zeugen ehemaliger Humanität erhalten, um als solche für alle Zeiten vorbildlich fortzuwirken. Möge desshalb das Studium der griechischen und römischen Litteratur, so wünscht endlich J. W. v. Göthe in seinen Maximen und Reflexionen, Stuttg. 1833, B. 49. S. 123, immerfort die Basis der höheren Bildung bleiben!

14) S. C. F. Gockel's Abhandlung über den Unterricht in der Propädeutik der Philosophie, Carlsr. Progr. 1843, S. 7 f., und F. G. E. Föhlisch's Gelehrtenschule nach den Bedürfnissen der Gegenwart, Werth. Progr. 1843, S. 2: Die Bildungsmittel der Gelehrtenschule werden dem jugendlichen Geiste angemessen sein und ein wissenschaftliches Leben zweckmässig vermitteln müssen. Ist aber nicht die Sprache die Amme des Geistes und das Organ der Lebenskraft, welche der Psyche die Fittige lüftet und sie mit jedem Farbenzauber schmückt? .... Ist nicht das Wort eine Stimme aus einer unsichtbaren Welt und das Geäder des Geistes? jeder Ausdruck des Edeln und Schönen nicht die Blüthe einer sittlichen Empfindung, deren Fruchtstaub in das jugendlich-frische Gemüth fällt?

15) Ars non habet osorem, nisi ignorantem. Mit Recht sagt F. W. Tittmann in seinem Werke über die Bestimmung

des Gelehrten, Berlin 1833, S. 177: „Totalität der Geistesbildung ist die Grösse des klassischen Alterthums. ... Wie diese Totalität der Geistesbildung oder die klassische Vollendung, als die höchste Bildung, das höchste Ziel des Strebens ist: so muss auch der Blick des Strebenden und die Richtung der Thätigkeit der Intelligenz dem sich zuwenden, woran am meisten — die Totalität der Geistesbildung, die höchste Bildung erscheint." Ist nun wirklich das klassische Studium von so hohem Werthe als Bildungsmittel, so lasse man an der Gelehrtenschule auch nicht das Geringste davon abhandeln; ja, man stecke dessen Ziel so weit als möglich. Jedenfalls entsage man aber der jetzt vielfach herrschenden Halbheit. Gut sagt nämlich in der letzteren Beziehung F. G. E. Föhlisch in seinem Vorworte a. a. O. S. 16: Unsere Gelehrtenschulen zählen Griechen und Nichtgriechen, Lateiner und Nichtlateiner, Berufene und Gäste, welche, das Manna des Himmels verschmähend, sich meist nach den Fleischtöpfen Aegyptens zurücksehnen, oft eine Last für die Lehrer, ein Anstoss für die Mitschüler und eine wuchernde Pflanzschule der Halbbildung für den Staat. In ihnen erziehen wir ebenso viele Gegner der klassischen Grundbildung, als Verehrer des feilen Nützlichkeitsprincips, welches das Reale nur im Handgreiflichen findet und das Gold der Wissenschaft gern zur Waare und gangbaren Münze in Handel und Wandel entwürdigt. Von ihnen sagt der Dichter:

> Einem ist sie die hohe, himmlische Göttin; dem Andern
> Eine tüchtige Kuh, die ihn mit Butter versorgt.

16) Vgl. F. Lübkers Schulreden (in dessen gesammelten Schriften), Halle 1852, Rede 7: Der Weg zum Wahren durch das Schöne, S. 400 f.

17) Richtig bemerkt der Recensent von O. F. Becker's Streitschrift über Gymnasien und Realschulen, Sondersh. 1847, in den J. Jahrbb. B. 51. H. 2. S. 164 ff., dass die Realschule, welche Becker für principlos erklärt, (substantiell) mit der gelehrten Mittelschule dasselbe Princip theile..... Blendender Irrthum, so führt er weiter fort, täuscht immer nur auf etliche

Zeit das Auge; dieses wendet sich zuletzt dem wahren Lichte wieder zu. Ueberschätzung und Verwerfung der (aus dem Bedürfnisse der Zeit hervorgegangenen) Realschule weicht darum auch immer mehr. Was nun aber die abweichenden Bildungsmittel beider Anstalten zu dem gleichen Zwecke der Erziehung und Bildung für ein selbstthätiges, körperlich und geistig gesundes (gottgeistiges) Menschenleben betrifft, vergleiche man unsere Abhandlung über den Formalismus und Realismus im Erziehungs- und Bildungswesen, Pforzh. Progr. 1846, S. 27 und 33 f.: Die Schule lehrt für das Leben. Ohne für einen bestimmten Beruf abzurichten, wählt sie zu dem erhabenen Zwecke der Menschenbildung praktisch und mit Rücksicht auf den Beruf ihre Bildungsmittel. Die alten Sprachen als Grundlagen der Kunst und Wissenschaft bilden die intensive Kraft des Unterrichts in der gelehrten Mittelschule, die neueren Sprachen, als das geistige Band und Beförderungsmittel alles Lebens und Verkehres in der Gegenwart, bilden diejenige der höheren Bürgerschule (Realschule)...... Damit verbinde man noch unser Vorwort zum Programme des Pforzh. Päd. vom J. 1853. S. 7: Den jungen Menschen hat die Schule unter möglichst selbständiger Entwickelung aller seiner Gaben und Kräfte zu erfassen, ihn lehrend zu erziehen, erziehend zu lehren und so durch Nährung, Bildung und Veredlung des innersten Kernes seiner Persönlichkeit ihm zur Gründung seines Glückes behülflich zu sein. Nicht blosses Wissen, sondern Können in Verbindung mit Wissen, Herzensbildung neben Verstandesbildung, Religion neben Wissenschaft, eine dem Göttlichen zugewandte Willensbestimmtheit bedarf der Mensch in jedem Berufe, bedarf namentlich aber auch der Mensch in unserer Zeit.

18) Vgl. F. Lübker's gesammelte Schriften zur Philologie und Pädagogik, Halle 1852, S. 12 f.

19) F. von Schiller schreibt in seinem sechsten Briefe über die ästhetische Erziehung des Menschen, Haag 1830, S. 1233: Zugleich voll Form und voll Fülle, zugleich philosophisch und bildend, zugleich zart und energisch sehen wir

sie (die Griechen) die Jugend der Phantasie mit der Männlichkeit der Vernunft in einer herrlichen Menschheit vereinen. F. G. E. Föhlisch dagegen sagt im Werth. Progr. des J. 1849, worin von F. A. Wolf's Erklärung zweier Oden des Horaz gehandelt wird, S. 31 f.: Wie Humboldt an Schiller vor Allem die sittliche Tiefe seiner Ideendichtung und den Glanz seiner Sprache, an Göthe die Treue der geistvollen Naturwahrheit und die durchsichtige Klarheit des Ausdrucks zu bewundern pflegt, so hob Wolf an den Musterwerken des Alterthums ihre einfache Schönheit und anschauliche Gegenständlichkeit, ihre Abgemessenheit und heitere Ruhe, als äussere Abbilder des innern Gleichgewichts der sinnlichen und geistigen Natur des Menschen hervor. Ebenso erklärt R. Dietsch in seiner am 12. December 1854 an der Landesschule zu Grimma gehaltenen Rede über die Grundlage der Gymnasialbildung S. 8: Es haben die Alten ihren Schöpfungen eine so vollkommen dem Inhalt entsprechende, Kraft und Würde mit Anmuth und Lieblichkeit, Lebendigkeit und Beweglichkeit mit Ruhe und Ernst vereinende, in Allem so streng und doch so natürlich das rechte Mass haltende Form aufgeprägt, dass sie für alle Zeiten als unübertreffbare Muster dastehen. Daher sagt G. Curtius in seinem Vortrage über die Geschichte und Aufgabe der Philologie, Kiel 1862, S. 26: Noch hat alle pädagogische Kunst keinen Stoff gefunden, der, wie dieser des klassischen Alterthums, den Geist der Jugend übte, stählte und erfrischte. Dessgleichen äussert sich G. W. F. Hegel nach H. Kurzen's Handbuch der deutschen Prosa, Zürich 1853, Abth. 2. S. 801 f. in einer zu Nürnberg über den Werth des Studiums der alten Sprachen gehaltenen Rede: Den edelsten Nahrungsstoff in der edelsten Form, die goldenen Aepfel in silbernen Schalen enthalten die Werke der Alten. ..... Ich glaube nicht zu viel zu behaupten, wenn ich sage, dass, wer die Werke der Alten nicht gekannt hat, gelebt hat, ohne die Schönheit zu kennen. Endlich heisst es in K. J. Blochmann's Nekrologe (s. Allg. Zeit. v. 13. Juli 1855. Nr. 194): In den klassischen Studien erkannte der gefeierte Pädagoge, was der Erwerb blosser Fertigkeit und Kenntnisse nimmer geben kann, die schönste Geistesgymnastik, die sicherste Anleitung zu einer idealen Auffassung des Lebens; denn indem sie den Geist nähren, sichern sie im Dienste des Christenthums dem Gesetze des Geistes den Sieg über des Fleisches Gesetz.

20) Es giebt eine Möglichkeit der Erneuerung und Erfrischung unseres Lebens, sagt Direktor Fr. Rieck in seiner Antrittsrede, Zwickau 1851, wenn wir nur Muth und Glauben haben. Man halte an das klassische Studium als $κτῆμα\ ἐς\ ἀεί$; die Seele alles Menschenlebens aber, sie ist Religion. Anfang, Mitte und Ende, bemerkt F. G. E. Föhlisch in s. Gelehrtenschule a. a. O. S. 35, ist die Religion, welche daher die Schulbildung auf allen Stufen durchdringen, begeistigen und schon dem jungen Menschen eine ideale Richtung geben soll. Dem entsprechend erklärt endlich F. W. Tittmann in seinen Blicken auf die Bildung unserer Zeit a. a. O. S. 172: Der Seele die Richtung auf das Höhere zu geben, ist das tiefste Wesen der Erziehung zur Religiosität, zu christlichem Sinne.... Eine religiösere Zukunft ist aber eben darum nicht so bald zu erwarten, da der Gang unserer Bildung immer mehr auf Abwendung von dem Höheren hinweist. .... Was die Religiosität am meisten untergräbt, ist das **Nützlichkeitsprinzip** des Lebens und der Erziehung.

21) Das Aussäen ist Sache der Lehrer; das Umarbeiten ist (zum Theile wenigstens) Sache der Eltern. S. Finger a. a. O. S. 15 vgl. mit Plutarch's Abhandlung über die Erziehung der Kinder, Leipz. 1777, B. 6. Cap. 4 und 13, sowie mit F. G. E. Föhlisch's Vorwort a. a. O. S. 23 ff.

22) S. Pindar's Nem. Gesang 9. Str. 9. Vs. 44., und Isthm. Gesang 3. Str. 1. Vs. 5. nach F. Thiersch's Ausgabe.

23) Das Leben für die Wissenschaft ist echt menschliches Leben; Liebe dazu läutert das Herz und entfernt Niedriges und Gemeines. Vgl. über die weitere Ausführung dieser Gedanken die drei Schulreden des Direktors Hess, Helmst. Progr. 1850, und zwar Rede 2. S. 8 ff., womit noch zu verbinden

ist, was P. Ovidius Naso in seinen pontischen Briefen (s. 2, 9, 47 sq.) schreibt:

> Adde, quod ingenuas didicisse fideliter artes
> Emollit mores, nec sinit esse feros.

24) S. des trefflichen Lehrers und Gelehrten F. A. Nüsslin Beantwortung der Frage, ob das spätere Vergessen des Griechischen ein Grund seiner Verbannung aus den Schulen werden könne, in der Beilage zum Mannh. Progr. 1843, S. 5 f., sowie C. Ullmanns Rede bei der dreihundertjährigen Jubelfeier des Lyceums zu Heidelberg, Heid. 1852, S. 13: Mag es sein, dass manche, vielleicht die meisten von uns, das Einzelne, was in den humanistischen Studien gelernt worden ist, wieder vergessen haben: es giebt in ihnen etwas, was nicht vergessen werden kann. .... Es ist das, was wir, abgesehen von allem Gedächtnissmässigen, gewonnen haben an

> Gehalt in uns'rer Brust,
> An Form in uns'rem Geist.

Zu Rede II.

25) J. G. von Herder sagt, worüber W. Wackernagel's Proben der deutschen Prosa, Basel 1847, auf S. 464 verglichen werden mögen, in seiner ältesten Urkunde des Menschengeschlechts:

Himmel und Erde! Siehe, wie sie noch zusammen vermischt um uns liegen: Himmel auf Erden! Erde zum Himmel erhoben:

> Und die Erde war wüste und leer,
> Finsterniss auf der Erde.

26) In origineller Weise äussert sich ferner J. G. von Herder a. a. O. S. 465 f.:

> Die Natur, ein harrender dunkler
> Tempel Gottes — lebender Wind — und
>   — Licht!
>   's ward Licht!

still wird er eingeweiht, der Tempel.
Vielleicht die Blüthe des Baumes, die Blume,
die Knospe fühlen. Lichtstrahl!
ein tönender Goldklang auf die grosse
Laute der Natur, — die Lerche erwacht
und schwingt sich — wehe dem
Fühllosen, der diese Scene gesehen
Und Gott nicht gefühlt hat!

27) Die Religion der Alten, sagt Uwaroff in seiner höchst interessanten Abhandlung über das vorhomerische Zeitalter (s. dessen Etudes de philol. et de crit., Par. 1844, S. 280 f.), bestand aus zwei Theilen, dem Polytheismus für die Menge und dem Pantheismus für die kleine Zahl der Geweiheten. .... Dem Volke war Alles Gott, dem Philosophen Gott Alles. Früh versiegte im Orient für die Menschheit der Urquell des reinen Monotheismus. Demgemäss sagt er denn auch a. a. O. in seinem Essai sur les mystères d'Eleusis, Sect. III. p. 99: Toutes les vérités morales du premier ordre qui se lient à celle de la chute de l'homme, ces premières vérités immédiatement transmises ou développées par la divinité, ne pouvaient manquer de survivre aux plus grands égarements de l'esprit humain etc. Dessgleichen heisst es, von G. Hermann's und Fr. Creuzer's Briefen über Homer und Hesiod, Heid. 1818, S. 96, und E. von Lasaulx Studien des klass. Alterthums, Regensb. 1854, S. 353f. abgesehen, in Dr. Baart's Abhandlung über die religiös sittlichen Zustände der alten Welt nach Herodot, Marienw. 1842, H. 1. S. 44: Die alten Völker haben trotz der subjectiven Ausbildung der Religionen, d. h. trotz der Versinnlichung und Individualisirung des religiösen Bewusstseins und Lebens, trotz der Zerstückelung und Personificirung der Gottheit, doch einen objektiven Hintergrund dieses religiösen Bewusstseins, der mehr oder minder als ein positiver, geoffenbarter, durch alle Stämme und Zeiten hindurchgehender Kern hervortritt und von einer Uroffenbarung abgeleitet wird.

28) S. Plat. de rep. lib. 10. p. 612. E—613. B. und

Plat. Apol. p. 41. D. mit F. A. Nüsslin's Anmerkung zu dieser Stelle, Mannh. 1838, S. 110 f.

29) Vgl. M. Aurel. Ant. imp. de rebus suis libr. 12, Cantabr. 1652, l. 6. §. 30. p. 52, womit noch zu verbinden sind Jul. imp. Caess., Goth. 1736, p. 28—30 ed. Heus.: Τί ποτε ἐνόμιζες εἶναι τὴν τῶν θεῶν μίμησιν; Καὶ ὅς (τ. ε. Μάρκος)· δεῖσθαι μὲν ἐλαχίστων, εὖ ποιεῖν δὲ ὡς ὅτι μάλιστα πλείστους.

30) S. Psalm 75. Vs. 25—27.

31) S. Epict. Ench., Lugd. Bat. 1634, cp. 12. p. 26 sq.

32) Vgl. Plut. Alex. M., Lips. 1776, vol. 4. p. 19. und Plut. de Alex. fort. vol. 7. cp. 4. p. 298: Ἀλέξανδρος ἔφη ποτὲ τὴν Ἰλιάδα καὶ τὴν Ὀδύσσειαν ἀκολουθεῖν αὐτῷ τῆς στρατείας ἐφόδιον, womit zu vergleichen ist Plut. de libb. edd. l. l. vol. 6. cp. 8. p. 26; Diog. Laert. Arist. vol. 1. lib. 5. cp. 1. §. 21. ed. H., und Jul. opp., Lips. 1696, or. 3. p. 124. A. sqq.

33) Sagt Bossuet auch nach den Etudes de philol. et de crit. par Ouvaroff, Par. 1844, p. 345, que pour les païens tout était dieu excepté Dieu, so ist doch das klassische Alterthum, wie Ackermann in seiner Recension von Dr. W. Bötticher's prophet. Stimmen aus Rom (Hamb. 1840) in den theol. Studien und Kritiken, Heid. 1842, H. 1. S. 270 ff. bemerkt, Coefficient des Christenthums. Das Christenthum hat ausser seiner überirdischen Abkunft und Wesenheit auch eine irdische Genesis. .... Das Christenthum ist nicht ein Organismus, dessen Wurzeln und Grundkräfte im Judenthume zu suchen sind, sondern als Weltreligion hat es auch Keimkräfte jenseits des Hebraismus gehabt. Der Hebraismus ist nur eine Seite des Stammes, als dessen Efflorescenz das Christenthum erscheint; die andere Seite ist die klassisch antike Weltanschauung und Gottesempfindung. Wie das Christenthum zurückgreifende Momente hat, so hat das Heidenthum vorgreifende. Demgemäss erklärt denn auch, wie Dr. Götz in seiner Abhandlung über den griechischen und christlichen Gottesbegriff als Grundlage der Ethik, Dresd. Progr. 1851, S. 11. Anm. 1 anführt, Baur in seiner Schrift über das Christliche im Platonismus, Tüb. 1837, S. 24: Sokrates Philosophie und

Christenthum verhalten sich zu einander wie Selbsterkenntniss und Sündenbekenntniss. Besser noch äussert sich C. Ackermann in seinem Werke über das Christliche in Plato, Hamb. 1835, S. 292 und 332: Das Wesentliche des Christenthums besteht im Heilskräftigen, das des Platonismus im Heilbezweckenden. Damit vergleiche man E. von Lasaulx Studien des klassischen Alterthums, Regensb. 1854, S. 45. Anm. 1. und S. 82 ff.; ferner die Recension von E. von Lasaulx Abhandlung über die Linosklage, Würzb. 1842, in den J. Jahrbb. Bd. 37. H. 2. S. 238 f., und Oelschläger's Rede über religiöse Bildung, Schweinf. 1854, S. 17.

34) Die christliche Religion ist, wie Dr. Heffter in seiner Recension von Direktor Deinhardt's Gegensatz des Pantheismus und Deismus in den vorchristlichen Religionen (Bromberger Progr. d. J. 1845) in den N. J. Jahrbb. B. 51. H. 2. S. 104—108 sich äussert, das Allgemeine und Wesentliche in allen Religionen; sie hat in ihnen, noch ehe sie für sich existirte, die besondere Seite ihres Wesens in einseitiger Bestimmtheit zur Offenbarung gebracht; sie ist dann aber, als die Zeit erfüllet war, in ihrer Allgemeinheit und in der Fülle ihrer Wesenheit hervorgetreten, wie die Sonne nach der Morgenröthe. Ebenso heisst es in Dr. Heffter's Recension von W. Eichhoff's Abhandlung über den Neid (Duisb. Progr. des J. 1846) in den J. Jahrbb. B. 51. H. 2. S. 111: Wir erkennen hier, wie auch die heidnische, namentlich die griechischrömische Bildung nicht eine gottverlassene, von der Uroffenbarung der Wahrheit immer mehr abirrende, nur in einem Verwesungsprocess begriffene, sondern eine wesentliche Elemente der Wahrheit enthaltende Entwickelungsstufe des Menschengeschlechts gewesen ist, die von anderer Seite her, als das Judenthum, der christlichen Offenbarung die Bahn bereitet. F. Ehrenfeuchter endlich sagt in seiner Theorie des christlichen Cultus, Hamb. 1840, S. 34 f.: Erfassen wir das Christenthum als die innerste Einheit von Religion und Menschheit, und desshalb als die Verwirklichung der Religion, so hört alle Schwierigkeit auf, sein Verhältniss zu den früheren

Religionsweisen zu erkennen. Das Christenthum ist ebenso uralt als ewig neu; es steht in einer ebenso genauen Verbindung mit den vorhergehenden Religionsgestaltungen, wie es als die herrlichste Frucht schöpferischer Kraft aus keiner früheren erklärt werden mag.

35) S. Paulus Brief an die Römer Cap. 1. Vs. 19—32 und Cap. 2. Vs. 1—24, sowie Cap. 3. Vs. 10—19. und 7. Vs. 27. vgl. mit dessen Briefe an die Colosser Cap. 1. Vs. 19 ff.; ferner J. E. Veith's heilige Berge, Wien 1835, Th. 2. S. 343: Die Wetterscheide in der Geschichte der Menschheit und ihres Heiles ist die tödtliche Trauer, die Christus auf dem Oelberge für Alle bestanden hat, da er sich freiwillig dargab, gehorsam zu sein bis zum Kreuzestode. Seitdem ist für Jeden, der lebendig ihm angehört, die alte Trauer in Freude, das Bangen und Zagen in Muth und Zuversicht verwandelt. Ebenso erklärt Fr. Ehrenfeuchter in seiner Entwickelungsgeschichte der Menschheit, besonders in ethischer Beziehung, Heid. 1845, S. 125: Christus ist nicht etwa nur der Abschluss einer vergangenen Zeit, sondern noch vielmehr der Anfang einer neuen Geschichte, wozu ergänzend beizufügen ist, was in dem Werke (Weisse's?) über die Zukunft der evangelischen Kirche, Leipz. 1829, S. 168 gesagt ist: Die ungeheure Thatsache der biblischen, der evangelischen Geschichte, welche auch aus der schärfsten Feuerprobe der Kritik in immer heller leuchtendem Glanze hervorgegangen ist, ist und bleibt diese, dass Jesus Christus mit klarster Besonnenheit sich als Mittelpunkt der Weltgeschichte erkannt und ausgesprochen, und dass der Verlauf der Weltgeschichte diesen Ausspruch seines Bewusstseins gerechtfertigt hat. Sehr schön spricht sich auch J. Stahl in zwei Vorträgen, welche er über den Protestantismus als politisches Prinzip im März 1853 zu Berlin gehalten hat, darüber aus. Er sagt (s. Hengstenberg's ev. Kirchenzeitung, Berlin 1853, S. 272): Das Sühnopfer Christi, das nicht bloss der Mittelpunkt der Weltgeschichte, sondern über der Weltgeschichte der Mittelpunkt des ewigen göttlichen Planes ist, und der Glaube des Menschen, der ihn über alles Irdische

hinaushebt und in sein ewiges Verhältniss zu Gott versetzt — diese beiden Faktoren des ewigen Gottesreiches ... enthalten die tiefste Erfassung des Christenthums. Endlich äussert sich H. Olshausen in seinem Commentare zu Paulus Briefe an die Römer Cap. 5. Vs. 12. in B. 3. S. 192: Adam und Christus sind die Pole, von denen Tod und Leben, Finsterniss und Licht ausströmen, welche sich, wie in der Totalität, so auch in jedem Einzelnen in ihrer weltbeherrschenden Kraft offenbaren. Zwischen Adam und Christus oscillirt das Leben der grossen Gesammtheit, die wir Menschheit nennen, ja das Leben des Universums. Und ebenso ist das Berührtwerden von dem Lebensstrome Christi für grössere oder kleinere Individuen, für Völker und Menschen, der Wendepunkt ihres Daseins.

36) Vgl. Evangel. Luc. Cap. 2. Vs. 7—21.

37) S. Ev. Luc. Cap. 2. Vs. 41—52.

38) Vgl. Evang. Matth. Cap. 3. Vs. 13 bis Cap. 4; Ev. Marci Cap. 1. Vs. 9—12 und Ev. Luc. Cap. 3. Vs. 21—23.

39) S. Paulus Brief an die Galater Cap. 2. Vs. 20 vgl. mit Ev. Joh. Cap. 14. Vs. 19.

40) S. Ev. Joh. Cap. 15. Vs. 4—10.

41) Das Leben, sagt J. P. Richter, wie P. J. Beumer a. a. O. S. 74 bemerkt, wird, wie das Meerwasser, nicht eher süss, als bis es gen Himmel steigt. Für die Erde, spricht sich F. Lübker in seinen gesammelten Schriften, Halle 1852, S. 354 aus, erzieht den Menschen die Natur und das Bedürfniss in seinem Verkehre mit den Menschen; zu dem Himmel ruft ihn empor seines Herzens dunkle Stimme; zu Gott zieht ihn sein nach dessen Bild geschaffener Geist. Der Glaube, erklärt J. Stahl a. a. O. S. 271, ist die Urthat der Seele, durch welche sie, die aus Gott getretene, sich wieder einpfropft in den Sohn Gottes. Der Glaube, so äussert sich dem entsprechend Studiendirektor Oelschläger in seiner am 23. August 1853 über die religiöse Bildung gehaltenen Rede (Schweinf. 1854, S. 11), ist des Menschen Kern, tief im Mittelpunkte seines Wesens, in welchem Leben und Streben, Lei-

den und Thun seinen Ausgangspunkt und Rückhalt findet. Er ist das unmittelbare Band zwischen Menschen und Gott, zwischen Himmel und Erde. Hat der Glaube, so ruft endlich begeistert W. L. Bauer in der Denkschrift des Herzoglich Nassauischen ev. theologischen Seminars zu Herborn für das Jahr 1854, S. 95 aus, hat der Glaube, dieser Lebensäther aus einer andern Welt, unser Wesen durchdrungen, ist er uns die Hand geworden, mit welcher wir den Herrn fassen und dann heilsgewiss ihm zurufen: Herr, wir lassen dich nicht, du segnest uns denn: da stehet auch das Heilsgut, die Krone des Lebens, des Himmels selige Gemeinschaft, nahe und winkend uns vor Augen.

42) Vgl. H. Sauppe's Schulreden a. a. O. S. 35: den Fuss im Festen, den Blick zum Besten. — Der Glaube, sagt J. Ch. Fr. Schaub nach Dr. F. A. Eckstein's Vorrede zu dessen gesammelten Schriften, Halle 1858, S. XXIX, wohnt im Gemüthe, dem Herzen des inneren Menschen, und ist die Kraft, durch welche er Gottes Dasein in sich und ausser sich fühlt. ... Er ist höher als alle menschliche Vernunft; denn er ist da und fühlt, noch ehe diese vernimmt, und wie der menschliche Körper nur so lange seiner Sinne mächtig ist, als das Herz ihm schlägt, so ist auch der menschliche Geist nur dann wahrhaft lebendig, wenn in ihm das Gefühl des Glaubens noch wach ist. Der sicherste Wärmemesser für die Lebenskraft eines Volkes, sagt ferner E. von Lasaulx in seinen Studien des klassischen Alterthums, Regensb. 1854, S. 537, ist seine Glaubenskraft. Wo diese Kraft, der Feuerherd des Lebens, zu erkalten beginnt, da wird der Herzschlag matter; das Leben stirbt ab und geistert aus. —

Aphorismen

aus

dem Grenzgebiete der Theologie und der klassischen
Altertbumswissenschaft der Griechen

in

drei Lieferungen.

I. Ist ein ursprünglich geoffenbarter Monotheismus (φιλοσοφία ἄνωθεν) im klassischen Altertbume der Griechen nachzuweisen? Ein Beitrag zur Aufhellung dieser Frage.

II. Das klassische Alterthum der Griechen hat den Glauben an eine magische Wirksamkeit und zwingende Gewalt des Gebets gehabt.

III. In welchem Lichte haben uns Julian's Bemühungen um Herstellung des feierlichen Gottesdienstes der Cybele in Pessinus zu erscheinen? Bedeutung und Name dieser Gottheit.

'Ἀεὶ κράτιστόν ἐστι τἀληθῆ λέγειν
ἐν παντὶ καιρῷ.

        Menander.

I. Ist ein ursprünglich geoffenbarter Monotheismus (φιλοσοφία ἄνωθεν) im klassischen Alterthume der Griechen nachzuweisen? Ein Beitrag zur Aufhellung dieser Frage.

Σοὶ μὲν ταῦτα δοκοῦντ' ἔστιν, ἐμοὶ δὲ τάδε.
Euenus.

Der ursprüngliche Monotheismus der Offenbarung[1]), welcher in der pelasgischen oder vorheroischen Zeit des Grie-

---

[1]) Ein anderer Monotheismus ist, wie Schimmelpfeng und Rixner*) richtig bemerkt haben, die ursprüngliche Religionsansicht der Hellenen, ein anderer, wohin philosophische Spekulation manche ausgezeichnete Denker in späterer Zeit**) geführt hat.

Auf ursprünglichen Monotheismus — im Gegensatze zur φιλοσοφία ἐκ κάτω auch φιλοσοφία ἄνωθεν genannt — weist nun aber, so sehr man dagegen auch anzukämpfen sucht (s. die Literatur hierüber in J. G. Th. Grässe's Lehrbuch der Literärgeschichte, Dresd. 1837, Abth. 1. §. 36. S. 20 ff., namentlich aber Chr. A. Lobeck's Aglaophamus, Regim. 1829, vol. 1. p. 8 sqq.), die dem Menschen eingeborene Idee von Gott schon hin. Vgl. Luc. act. cp. 14, 17 und 17, 23 sqq., womit noch unsere Miscellen im Heid. Progr. des Jahres 1854. S. 19. Anm. 31. zu verbinden sind, sowie H. Olshausen's Comm. zu Luc. act. cp. 17, 27, Reutl. 1834. Bd. 2. S. 786 f.; ferner Paul. ep. ad Rom. 1, 19 sqq.: τὸ γνωστὸν τοῦ θεοῦ φανερόν ἐστιν ἐν αὐτοῖς· ὁ θεὸς γὰρ αὐτοῖς ἐφανέρωσεν κ. τ. λ., Clem. Alex. Paed. 3, 1. p. 250: ἑαυτὸν γάρ τις ἐὰν γνῷ, θεὸν εἴσεται κ. τ. λ.; ebenso Piper's Rede über die Gründung der christlich-archäologischen Kunstsammlung bei der Universität zu Berlin und das Verhältniss der christlichen zu den klassischen Alterthümern in den Verhandlungen der 11. Versammlung deutscher Philologen, Berl. 1850, S. 87. Anm. 2. und S. 87 ff.; alsdann G. Hermann's und F. Kreuzer's Briefe über Homer und Hesiod, Heid. 1818, S. 82 nebst 96, und E. v. Lasaulx Abh. über die Sühnopfer der Griechen und Römer in dessen Studien des klass. Alterthums, Regensb. 1854, S. 234 ff. und S. 353 f.; endlich Ouwaroff's Abh. über das vorhomerische Zeitalter in dessen

chenthums noch als tempel- und bilderlose Verehrung des

Etudes de phil. et de crit., Par. 1844, p. 281 sq.: Früh versiegte im Orient für die Menschheit der Urquell des reinen Monotheismus ..... Polytheismus und Pantheismus, in ihrer unzertrennlichen Verbindung, behaupteten die Herrschaft über die Welt, bis endlich eine höhere Macht die alte Doppellehre stürzte und den Monotheismus in seiner ursprünglichen Reinheit zur Seele einer neuen Religion machte***); Pb. Marheinecke's Grundlehren der christlichen Dogmatik, Berl. 1827, §. 164 und §. 173. S. 101, und K. Lechler's Bemerkungen zum Begriffe der Religion mit besonderer Rücksicht auf die psychologischen Fragen in den theol. Studien und Kritiken, Hamb. 1851, H. 4. S. 786: Das Gottesbewusstsein ist das Erste, das Selbstbewusstsein das Zweite; die Menschheit kömmt durch Gottesbewusstsein erst zum rechten Selbstbewusstsein ..., sowie S. 787 f., Religion ist, wie das Sein der Menschheit, eine göttliche That; sie ist eine von Gott gedachte und gewollte Offenbarung seiner selbst in der Menschheit ..., und S. 823: Was das Heidenthum zum Heidenthume macht, ist die Lüge (die Verkehrung der göttlichen Offenbarung).

*) Siehe Schimmelpfeng's Abh. de diis in conspectum hominum venientibus apud Homerum im Casseler Programme des Jahres 1845, p. 74 sqq. und Th. A. Rixner's Geschichte der Philosophie, Sulzb. 1829, S. 18.

**) S., von andern Stellen abgesehen, Thales Ansicht über Gott und Welt in Cic. de nat. deor. 1, 10. §. 25, wo jedoch der Ausdruck ὕδωρ (das Urfeuchte) von Cicero oberflächlich nur durch aqua bezeichnet worden ist; ferner Plat. de legg. lib. 4. p. 715. E. sqq. Ὁ μὲν δὴ ϑεός, ὥσπερ καὶ ὁ παλαιὸς λόγος (s. Aristot. fragm. Orph. in Chr. A. Lobeck's Aglaoph. 1. 1. vol. 1. p. 455.†), ἀρχήν τε καὶ τελευτὴν καὶ μέσα τῶν ὄντων ἁπάντων ἔχων εὐθείᾳ περαίνει κατὰ φύσιν περιπορευόμενος .... ὁ δὴ ϑεὸς ἡμῖν πάντων χρημάτων μέτρον ἂν εἴη μάλιστα κ. τ. λ.; sowie Plat. Tim. p. 28. C., und Critias p. 121. B.; alsdann Plat. Soph. p. 265. C—E in Verbindung mit Plat. Parmen. p. 156. D sqq.††); endlich, worauf E. von Lassaulx in seinen Studien des klassischen Alterthums, Reg. 1854, S. 56, Anm. 32 verweist, Arist. de Xenoph. 3. p. 977, 23: εἰ δ'ἔστιν ὁ ϑεὸς ἁπάντων κράτιστον, ἕνα φησὶν αὐτὸν προσήκειν εἶναι· εἰ γὰρ δύο ἢ ἔτι πλείους εἶεν, οὐκ ἂν ἔτι κράτιστον καὶ βέλτιστον αὐτὸν εἶναι πάντων κ. τ. λ.; ebenso Stallbaum's Rec. von J. Bilharzens im Konstanzer Lyceumsprogramme des Jahres 1842 erschienener Abh., „Ist Plato's Spekulation Theismus?" in den J. Jahrb. B. 39. H. 2. S. 191—209; Dr. Götzen's Abh. über den griechischen und christlichen Gottesbegriff als Grundlage der Ethik, Dresd. 1851, S. 9 und S. 16—20; schliesslich E. Susemihl's Rec. von K. Steinhart's Einl. zu H. Müller's Uebersetzung von

Einen und unsichtbaren Gottes herrschend gewesen war [2]), hatte im Verlaufe der Zeit, ja schon gegen das Ende dieser Periode hin[3]), allmählig eine symbolisch-mythische Hülle

Plato's sämmtlichen Werken (Bd. 3) in den J. Jahrb. B. 68. H. 3. S. 285 —288, namentlich aber dessen genetische Entwickelung der Platonischen Philosophie, Leipz. 1855, Th. 1. S. 361: Niemand wird dem Augustinus die Annahme eines persönlichen Gottes absprechen, und doch ist sein Gottesbegriff kein anderer als der platonische.... Da ferner die platonische Materie das Nichts ist, so findet man bei Plato auch den christlichen Schöpfungsbegriff wieder, nur aber als dauernde Schöpfung gefasst und mit Ausschluss des Weltanfangs. Ganz ebenso sagt H. Ulrici in seinem Werke über Gott und die Natur, Leipz. 1862, S. 533: Inwiefern Gott nicht erst zum Weltschöpfer wird, sondern von Ewigkeit her Weltschöpfer ist, insofern ist auch die Welt, obwohl nicht selber ewig, doch die von Ewigkeit her bestehende Schöpfung (That) Gottes, d. h. die Welt ist nicht in der Zeit geworden, sondern die Zeit mit ihr.

†) Ἀρχὴν αὐτὸς ἔχων καὶ μέσσατον ἠδὲ τελευτήν.

††) S. zum Verständnisse und zur Erläuterung dieses für Plato's Dialektik äusserst wichtigen Abschnittes, ausser K. Fischer's Abhandlung de Plat. Parmenide, Stuttg. 1851, Susemihl's Rec. von H. Müller's und K. Steinhart's Plato in den Jahn. Jahrbb. B. 68. H. 3. S. 285 ff., und K. Günther's Betrachtungen über die platonische Dialektik im Philologus, Gött. 1850, Jahrg. 5. S. 72 und 79, wo mit Recht, in Uebereinstimmung mit K. Fischer, nachdrücklichst auf τὸ ἐξαίφνης (den ausserzeitlichen Augenblick oder zeitlosen Punkt) in seiner entscheidenden Wichtigkeit für die platonische Dialektik hingewiesen wird.

***) Der Entwickelungsgang der Religionserkenntniss gieng sonach unter den Menschen — bezeichnend genug — im Kreislaufe vor sich. Der primitive Monotheismus fand seinen Abschluss in dem christlichen. S. F. G. Welcker's griech. Götterlehre, Gött. 1857, B. 1. S. 229 f.: Die insita notitia dei ist Gott, nicht Götter; diese sind erst das Werk menschlicher Gedanken und Sprachbildung.

2) S. Hom. Il. 16, 233; Cyrill. adv. Jul. opp. lib. 1. p. 10. D. ed. Sp.; Gies'ens Abh. de re sacerdotali Graecorum, Hann. 1850, part. 1, p. 7 und 42; ferner G. Bippart's Rec. von K. Bötticher's Baumkultus der Hellenen, Berl. 1857, in der Wiener Zeitschrift für Gymnasien, Wien 1859, H. 7. S. 549 f.; F. G. Welcker a. a. O. S. 129, und K. Fr. Hermann's Kulturgeschichte der Griechen und Römer, Gött. 1857, S. 49 und 56, endlich unsere Abhandlung über Krates Gebet, Karlsr. 1852, Lief. 1. S. 17 f.

3) Vgl. Herod. 2, 52 sq.; Thucyd. hist. 2, 17. und namentlich Paus. opp. 3, 20. §. 5. ed. Sieb.

angenommen und war unter dem Einflusse der Kunst und Wissenschaft bei den Griechen endlich in die in dem Emanationssysteme, um mich eines auch sonst oft gebrauchten Ausdrucks zu bedienen, durch die Kraft des Gegensatzes allerdings wieder einheitlich verbundene Doppelgestalt des Polytheismus und Pantheismus übergegangen, in Folge dessen, wie Uwaroff mit Bezug auf Nonnus von Panopolis bemerkt, Alles dem Volke Gott, Gott den Philosophen Alles, für beide gleichmässig aber Gott nichts weniger als Gott gewesen ist[4]).

Doch wie am Abend das Sonnenlicht auf dem hohen Firne der Alpen über der dunkeln Nacht der Thäler glüht: so überstrahlten die Streiflichter göttlicher Offenbarung auch das Dunkel, in welches die Macht der Gottheit für die abtrünnig gewordene Menschheit sich zurückgezogen hatte, und liessen die Gemüther derselben tiefes Verlangen fühlen nach Erkenntniss der Wahrheit, nach Sühnung des Lebens und Versöhnung mit Gott[5]). Dafür zeugen nicht sowohl die rationa-

---

4) Wie über den Theilen des Alles das All vergessen wurde, so über den Göttern Gott, der schaffende Geist des Alles†). Der durch das Eingehen auf die Welt bedingte Fortschritt des menschlichen Geistes schlug um in ein Fortschreiten von Gott, und über dem zunehmenden Welt- und Selbstbewusstsein des Menschen gieng das Gottesbewusstsein, das für jenes die nöthige Unterlage bilden sollte, mehr und mehr verloren. S. Sap. Sal. 14, 13; ferner E. von Lasaulx a. a. O. S. 48, und Etudes de Phil. et de Crit. par M. Ouwaroff, Par. 1844, p. 99, 104 und 199.

†) K. Fischer's Apologie, Mannh. 1854, S. 97: Schöpfung ist Natur, deren letzter Grund Geist ist.

5) Sehr schön sagt F. Lübker in seinen gesammelten Schriften zur Philologie und Pädagogik, Halle 1852, Rede 7, S. 401 f.: Es gab ein Volk, welches des Geistes schönsten Blüthenstaub über den europäischen Fruchtgarten ausstreute; aber je mehr es das Himmlische in's Irdische, das Unsichtbare in die Erscheinung hereinzuziehen suchte, desto mehr entschwand dasselbe. Im Bewusstsein eigener Ohnmacht haben sie mühsamer stets die Form gesucht, aber auch weiter stets von sich gestossen: die Wahrheit trat in unerreichbare Ferne zurück. Damit vergleiche man noch Plato's Critias p. 121. B.*); Plat. de legg. 4. p. 716. A. — p. 717. A.; Hom. Il. 1, 313sqq. und Schol. ad Hom. Il. 24, 480sqq.; ferner Xen. Mem. 2, 2. §. 14. ed. S.; Plat. Menex. p. 244.

lisirenden Lehren der Dichter und Philosophen, als vielmehr die in der frühesten Zeit schon nach Paus. 4, 32. §. 4. ed. Sieb. in Indien entstandenen und mit der Verbreitung anthropopathischer Vorstellungen von Gott und den ihm untergeordneten Göttern, unter Thraciens und Aegyptens Vermittelung, nach Griechenland gedrungenen, in der unmittelbar auf Hesiod folgenden Zeit mehr und mehr im Gegensatze zur Volksreligion bei den gebildeten Ständen Griechenlands zu Ansehen gekommenen und unter den Pisistratiden durch Onomakritus in eine dem griechischen Charakter entsprechende und feste Gestalt gebrachten Mysterien [6]). Nicht minder spricht dafür aber auch der unter dem Volke selbst herrschende Glaube an den ewigen und allmächtigen Herrn der Götter

---

A.; Herod. hist. 1, 35 und 7, 197; sowie Aesch. in Tim. or. cp. 11. §. 23, und E. von Lasaulx Studien des klassischen Alterthums, Regensb. 1854, S. 236 ff. in Verbindung mit K. F. Hermann's Lehrbuch der gottesdienstlichen Alterthümer der Griechen, Heid. 1846, §. 23 und §. 24. S. 99 ff.; endlich K. F. Nägelsbach's nachhomerische Theologie, Nürnb. 1857, Vorrede S. XI, S. 221 und S. 326.

*) Vgl. F. Susemihl's Rec. von Noroff's Atlantis nach griech. und arab. Quellen, Petersb. 1854, in den N. Jahn. Jahrbb. Bd. 71. H. 6. S. 380.

6) S. Diod. Sic. bibl. 5, 49 in vol. 3. p. 362 ed. Argent.; sodann Herod. hist. 2, 51 sq., und Paus. 1, 22. §. 7. nebst 8, 31. §. 1, womit noch Herod. 7, 6. zu verbinden ist; ebenso K. F. Hermann a. a. O. §. 32. S. 149—159, namentlich S. 153. Anm. 8; K. F. Nägelsbach a. a. O. S. 368 f.; F. Kreuzer's Symbolik und Mythologie der alten Völker a. a. St. Bd. 3. S. 65, und F. Nork's symb.-myth. Realwörterbuch, Stuttg. 1845, Bd. 3. S. 221 ff.; ferner Ouwaroff's Essai sur les mystères d'Eleusis in dessen Etudes de phil. et de crit., Par. 1844, p. 81—171, besonders p. 99 und 103 f., womit Ch. Petersen's Abh. über den geheimen Gottesdienst der Griechen, Hamb. 1848, S. 13 ff. zu vergleichen ist, sowie, cum grano salis, Rink's Vortrag über die ethische Bedeutung der Mysterien Griechenlands in den Verhandlungen der zehnten Versammlung deutscher Philologen, Basel 1848, S. 91—97, und insbesondere Chr. A. Lobeck's Aglaoph. l. l. p. 313—317 und p. 692 sqq., wo auch das Bemerkenswertheste über die verschiedenen Arten der griechischen Mysterien Erwähnung gefunden hat.

und Menschen, an Zeus [7]), wie, von andern, namentlich pseudoorphischen Schriften abgesehen (s. Ch. A. Lobeck's Aglaoph. l. l. vol. 1. p. 547 sqq.), schon die Dodonäischen Verse in Paus. 10, 12. §. 5. kund geben:

Ζεὺς ἦν, Ζεὺς ἔστι, Ζεὺς ἔσσεται,
ὦ μεγάλε Ζεῦ κ. τ. λ. [8]),

---

[7] Vgl. Hom. Od. 4, 237 und 14, 440; ferner Hom. Il. 8, 5 sqq. und 19, 86 sqq.; alsdann Dr. Ritzens Abh. de Homero religionis auctore et varia deorum, quos finxit, origine, im Hersfelder Programme des Jahres 1862, S. 11: Est religio, qua unum Deum eundemque verum ac summum omnium rerum non modo conditorem, sed etiam moderatorem coelitus, sive ut theologi dicunt, revelatione docti credebant populi summaque reverentia colebant; quae religio, ut paucis dicam, veram ac rectam complectebatur Dei notitiam cultumque, sed ab hominibus ita est depravata, ut ejus apud posteros vix ac ne vix quidem possent dignosci vestigia; sowie G. Dronke's Abh. über die religiösen und sittlichen Vorstellungen des Aeschylus, Sophokles und Pindar in den Jahrbüchern der klassischen Philologie, Leipz. 1861. Suppl. 4. H. 1. S. 7 bis 9, S. 23 und S. 103 ff.; endlich Plut. opp., Lips. 1777, vol. 7. de orac. def. 718, und Paus. 2, 24. §. 5, womit noch zu verbinden ist F. G. Welcker a. a. St. Bd. 1. S. 296, namentlich aber, so sehr J. Overbeck in seinen Beiträgen zur Erkenntniss und Kritik der Zeusreligion, Leipz. 1861, S. 32 ff. auch dagegen Einspruch erheben mag, S. 240: Hinter dem griechischen Polytheismus liegt der Gedanke des Zeus als Kronion, der im Platonischen Dualismus von Gott und Welt seine volle Entwickelung erhält. Je tiefer wir in das griechische Alterthum zurückgehen, um so hervorragender im Ganzen ist der Zeuscultus. —

[8] Diese uralten Orakelworte der Dodonäischen Peleiaden (Weissageweiber)*) enthalten, wie die bei Plutarch a. a. O. erwähnte Ueberschrift des Isistempels zu Sais, eine höchst bemerkenswerthe, wenn auch nicht erschöpfende Wesensbestimmung des bei den Griechen Ζεὺς Κρονίων und bei den Aegyptern 'Αμοῦν**) genannten Einen (ewigen) Gottes.***).

*) S., Herod. hist. 2, 54 sqq. ausser Acht gelassen, Schol. ad Soph. Trach. v. 175 ed. Johns. und Fr. Cordc's Abh. de Oraculo Dodon., Gron. 1826. p. 47 sq.

**) Vgl. Herod. hist. l. l. 2, 42 und 4, 181, sowie Plut. l. l. vol. 7. p. 396: παρ' Αἰγυπτίοις ὄνομα τοῦ Διός εἶναι τὸν 'Αμοῦν, womit P. E. Jablonski Pantheon Aeg., Francof. a. V. 1750, p. 162 und p. 182 sq. zu verbinden ist.

***) Was den Namen dieses Einen Gottes betrifft, so hat derselbe

womit ebensowohl Plut. opp., Lips. 1777, vol. 7. de Is. et Osir. cp. 9. p. 396 sq., als Mos. 2, 3, 14, und Joann. apoc. 1, 4: ὁ ὤν καὶ ὁ ἦν καὶ ὁ ἐρχόμενος zu vergleichen sind; ferner, zur Erläuterung der gedachten Verse, Plat. Tim. p. 37. E.: λέγομεν γὰρ δή, ὡς ἦν, ἔστι τε καὶ ἔσται, τῇ δὲ (ἀϊδίῳ οὐσίᾳ) τὸ ἔστι μόνον κατὰ τὸν ἀληθῆ λόγον προσήκει· τὸ δὲ ἦν τό τ᾿ ἔσται περὶ τὴν ἐν χρόνῳ γένεσιν ἰοῦσαν πρέπει λέγεσθαι κ. τ. λ.

Wie tief und dauerhaft aber dieser auf den ursprünglichen Monotheismus zurückweisende Zeusglaube im Leben des Griechenvolkes Wurzel geschlagen habe, zeigt, worauf auch

nicht nur unter den stammverwandten Culturvölkern des Alterthums, sondern auch unter solchen, mit welchen diese in lebhaftem Verkehre standen, wie schon Macrob. in seinen Satt., Lugd. Bat. 1728, lib. 1. cp. 21 und in der neueren Zeit F. G. Welcker a. a. O. Bd. 1. S. 135 bemerkt hat, nahezu dieselbe Bedeutung gehabt; denn das altindische Dyaus (Yaus), das griechische Zeus (S-deus, böotisch: Deus), das lateinische Ju-piter (Dies-piter), sowie das altägyptische Amun †) (gräcisirt Ammon, thebaisch Am-ouein und koptisch Amun) bezeichnen alle gleichmässig den Lichtgott, so wie denn auch in des Apostels Joann. ep. 1. cp. 1. v. 5 zu lesen ist: Gott ist Licht, wofür in eben dessen Evangel. cp. 4. v. 24 Jesus aber freilich zur Bezeichnung des vollkommensten Lebens Gottes den Ausdruck Gott ist Geist gebraucht ††).

†) Die Erklärung des altägyptischen Namens Amun (hebr. Amun) durch beständig (nach Plut. a. a. O. aus Missverständniss des Manetho fälschlich κεκρυμμένος, lat. absconditus, statt lucem educens sc. e tenebris. S. Plut. opp. l. l. p. 396 und Jablonski a. a. St.) dürfte in ihrer Zusammenstellung mit der in der etymologisirenden Stelle 2 Mos. 3, 14 von Jao (Jehovah) gegebenen Namendeutung nicht gerade zu verachten, der oben gegebenen aber, zumal die Ableitung von dem hebr. Chamman (pl. Chammanim) näher liegt, weitaus nachzusetzen sein. S. über den Namen Jao (altind. Yaus) noch Diod. Sic. bibl., Bip. 1793, vol. 1, cp. 94. p. 276 und den von neueren Gelehrten an dieser Stelle freilich für interpolirt erklärten Macrob. in seinen Satt. l. l. lib. 1. cp. 18. p. 246; über Amun dagegen als Urheber des Lichtes noch F. Kreuzer's Symbolik, Leipz. 1843, B. 4. S. 55. Anm. 1.

††) Πνεῦμα ὁ θεός statt ὁ θεός· φῶς ἐστιν. — Wir haben uns begnügt, unsere Ansicht über diesen für Philologen und Theologen gleich interessanten Gegenstand im Umrisse nur anzudeuten. Möge dadurch Anlass gegeben werden, den vielfach schon behandelten Gegenstand aufs Neue einer eingehenden Behandlung zu unterziehen!

J. B. Friedreich's Realien in Homer's Ilias und Odyssee; Erl. 1851, §. 193. S. 630, verweisen, der nach G. L. von Maurer's Werk: Das griechische Volk, Heid. 1835, in Bd. 1. §. 2. der Einleitung auf S. 3 enthaltene, noch jetzt übliche Ausruf: Zeus, erhöre mich (altgriechisch: Ζεῦ, κλῦθί μου)!

II. Das klassische Alterthum der Griechen hat den Glauben an eine magische Wirksamkeit und zwingende Gewalt des Gebets gehabt.

Findet man in den Gebeten der alten Griechen, mit welchen, in der älteren und besseren Zeit wenigstens, eine jede Sache pflegte unternommen zu werden[9]), von seltenen Ausnahmen abgesehen, da sie in der Regel nur aus an einander gereiheten Namen der Götter oder aus alt überlieferten Formeln bestanden[10]), nicht, wie es im Christenthume der Fall ist[11]), erleuchtete Gebetsweisheit in Verbindung mit gottinniger

---

9) Vgl. Plat. Tim. p. 27, C: Πάντες, ὅσοι καὶ κατὰ βραχὺ σωφροσύνης μετέχουσιν, ἐπὶ παντὸς ὁρμῇ καὶ σμικροῦ καὶ μεγάλου πράγματος θεόν ἀεί που καλοῦσιν κ. τ. λ.; sowie Thucyd. opp., Amst. 1731, 6, 32. p. 398; Xenoph. opp., Lips. 1764, vol. 4. Oecon. cp. 6. §. 1. p. 305, und, worauf auch K. F. Hermann in seinem Lehrbuche der gottesdienstlichen Alterthümer der Griechen, Heid. 1846, §. 21. S. 93. Anm. 6. verweist, Aesch. in Tim. or. cp. 11. §. 23; endlich die goldenen Sprüche des Pseudopythagoras nach Schneeberger's Abh. im Programme von Münnerstadt, Würzb. 1862, S. 9. Vs. 48 f.: Ἀλλ' ἔρχευ ἐπ' ἔργον θεοῖσιν ἐπευξάμενος τελέσαι. —

10) S. Hom. Od. 8, 335 und Hom. Il. 16, 233 sqq.; ferner Plat. Crat. p. 400. D. sqq., und Callim. hymn., Lips. 1774, hymn. in Dian. v. 7. p. 17; endlich F. Nork's symbolisch-myth. Realwörterbuch a. a. O. B. 3. S. 73; E. von Lasaulx Abh. über die Gebete der Griechen und Römer in dessen Studien des klassischen Alterthums, Reg. 1854, S. 140 ff.

11) Vgl. Ev. Matth. 7, 7—12; Ev. Joann. 16, 23—25, und Joann. ep. 1. cp. 5. v. 14—16 nebst Jac. ep. cp. 5, 14 sqq.; ferner J. Nitzsch's System der christl. Lehre, Bonn 1839, §. 161. S. 300 vgl. mit L. J. Rückert's christl. Philosophie, Leipz. 1825, B. 2. S. 463—171; end-

Herzensandacht; findet man darin auch nicht, wovon Christus der historisch gewordene Repräsentant und Mittler ist, auf dem göttlichen Grund der Liebe vollzogene Einigung des Gottes- und Menschengeistes, in welchem dieser durch selbstbewusste Hingabe an jenen aus göttlicher Kraft göttliches Leben empfängt: so hegete man, wogegen freilich einzelne Stimmen aus dessen eigener Mitte tadelnd sich erhoben haben [12]), im ganzen klassischen Alterthume des Griechenvolkes doch den festen Glauben an eine magische (über die pantheistisch mit der Gottheit zusammengeworfene Natur sich erstreckende) Wirksamkeit und zwingende Gewalt [13]), an ein Erhörtwerden desselben [14]).

---

lich Fr. Ehrenfeuchter's Theorie des christlichen Kultus, Hamb. 1840, §. 77—83. S. 334—353, namentlich S. 335 f., und die Rec. von Th. A. Liebner's christl. Dogmatik, Gött. 1849, Abth. 1. S. 21 ff. in dem Leipziger Repertorium. Jahrg. 7. B. 4. H. 2. S. 71 f.

12) Vgl. Plat. de rep. 2. p. 364. B. — 365. E.: Θεοὺς οὔτε λανθάνειν οὔτε βιάσασθαι δυνατόν, und Plat. de legg. p. 905. A. — 913. A., namentlich p. 909. B., sowie Xenoph. Mem. 1, 3. §. 2: εὔχετο δὲ (Σωκράτης) πρὸς τοὺς θεοὺς ἁπλῶς τἀγαθὰ διδόναι, ὡς τοὺς θεοὺς κάλλιστα εἰδότας ὁποῖα ἀγαθά ἐστι.

13) S. Hom. Od. 19, 457: ἐπαοιδῇ δ'αἷμα κελαινὸν ἔσχεθον κ. τ. λ.; sowie Hom. Il. 23, 546 sqq., ferner Hom. Il. 7, 194 sqq. und 9, 497: στρεπτοὶ δέ τε καὶ θεοὶ αὐτοί, womit Plat. de rep. 3. p. 364. C. sqq. und p. 390. E. zu verbinden ist, ebenso Plat. de legg. 11. p. 931. A. sqq., und Paus. 2, 29. §. 6. vergl. mit der merkwürdigen Stelle in Diod. opp. l. l. vol. 3. lib. 4. cp. 61. p. 175; dann Paus. 8, 38. §. 3., und J. B. Friedreich's Realien der Ilias und Odyssee a. a. O. §. 142. S. 432—435; desgleichen F. Kreuzer's Symbolik und Mythologie, Leipz. 1843, B. 4. S. 623—630, besonders S. 625. Anm. 2, und F. D. Straussens Julian, Mannh. 1847, S. 67. Anm. 43 zu S. 33: Wie Maximus den Grundsatz hatte, der Gottheit Gewalt anzuthun, bis sie den Wünschen entspreche: so Julian u. s. w.; endlich E. von Lasaulx Abh. über das Gebet und über den Fluch bei den Griechen und Römern in dessen Studien des klassischen Alterthums, Reg. 1854, S. 137—159, namentlich S. 138 und 149 f., sowie S. 159—177, insbesondere S. 159 ff., womit noch F. Lübker in seinen gesammelten Schriften, Halle 1852, S. 70 f. zu verbinden ist.

14) Im Christenthume wird Erhörtwerden des Gebetes gleichfalls, jedoch nur bedingt, zugestanden, sofern es nämlich in Christi Namen (Sinn und Geist) geschieht. Wie in der Liebe Geben und Nehmen in

III. In welchem Lichte haben uns Julian's Bemühungen um Herstellung des feierlichen Gottesdienstes der Cybele in Pessinus zu erscheinen? Bedeutung und Name dieser Gottheit.

Julian sahe das römische Reich beim Antritte seiner Regierung von innerer Fäulniss und äusserer Gewalt in seiner Existenz bedroht. Da er in Folge verkehrter Erziehung, schlechter Umgebung und bitterer Erfahrungen, die er gemacht, das ihm aufgedrungene Christenthum nach seiner die innere und äussere Welt des Menschen umwandelnden göttlichen Kraft nicht hatte kennen lernen, sondern in ihm vielmehr nur ein mit Heidenthum zersetztes, in Irrthum befangenes und den Dämonen verfallenes Judenthum erkannte [15]): so suchte er, durch den aus geistigem Bedürfnisse für ihn hervorgegangenen und unterhaltenen mündlichen und schriftlichen Verkehr mit heidnischen Philosophen und ihren Schriften in der von Jugend auf gehegten und zum grossen Theile wohl auch in seinen Naturanlagen begründeten religiös-sittlichen Denk- und Lebensrichtung bestärkt [16]), die Herstellung

---

Eins zusammenfällt, so sind nothwendig auch im göttlichen Leben des Menschen, welches Liebe um Liebe erfüllet, Empfangen und Mittheilen, sowie umgekehrt Mittheilen und Empfangen miteinander verbunden; von zwingender Gewalt des Gebetes aber kann da, wie natürlich, nicht die Rede sein.

15) S. Jul. Imp. ep. seu or. fragm. p. 288. A—C. ed. Spanh.; ferner Jul. Imp. ep. 52. p. 438. A. sqq., und namentlich Julian's Worte in Cyr. Arch. Alex. contra Jul. lib. 7. p. 238. B—E. ed. Sp.: τὸ γὰρ ἀληθὲς, εἴ τις ὑπὲρ ὑμῶν ἐθέλοι σκοπεῖν, εὑρήσει τὴν ὑμετέραν ἀσεβείαν ἔκ τε τῆς Ἰουδαϊκῆς τόλμης καὶ τῆς παρὰ τοῖς ἔθνεσιν ἀδιαφορίας καὶ χυδαιότητος συγκειμένην· ἐξ ἀμφοῖν γὰρ οὔτι τὸ κάλλιστον, ἀλλὰ τὸ χεῖρον ἑλκύσαντες, παρυφὴν κακῶν εἰργάσασθε κ. τ. λ. Cyrillus erklärt darum auch Julian's feindselige Aeusserungen gegen das Christenthum nicht mit Unrecht für ein frostiges Altweibergeschwätz. Vergl. Cyr. Alex. contra Jul. imp. lib. 7. p. 247. D.: ψυχρὰ καὶ γραοπρεπῆ ῥυθάρια.

16) S. Jul. imp. or. 4. p. 130. C—E., und or. 5. p. 180. A—C.; ferner Jul. Misop. p. 351. B. sqq., sowie Eunap. Sard. de vit. phil. et soph., Col. Allobr. 1616, p. 68—82, besonders p. 74; dann Lib. soph.

der früheren Römertugend und Römergrösse, wie nach aussen durch Fortsetzung und Erneuerung der altererbten Kriege seiner Vorfahren gegen die Barbaren, so nach innen durch Herstellung und Erneuerung der ihm ehrwürdigen, altererbten Religion der Vorfahren, des Hellenismus, zu erreichen [17]).

Zu diesem Zwecke liess er denn auch, weil die Wiederherstellung und der sichere Bestand des alten Römerreiches mittelst Herstellung des alten Römerglaubens vor Allem ihm am Herzen lag, im Hinblick auf alte Orakelsprüche [18]) während seines Zuges nach Antiochia gegen das Ende der ersten Hälfte des Jahres 362 den Tempel der altphrygischen Gottheit Cybele, im oberen Flussgebiete des Sangarius, zu Pessinus, in feierlicher Weise wieder eröffnen [19]).

or. et decl., Altenb. 1784, parent. in Jul. p. 232, 7 sqq. und p. 249, 17 sqq.; Greg. Naz. opp., Lut. Par. 1609, vol. I. or. 3. p. 58—70. B., insbesondere p. 61. C., und Sozom. hist. eccl., Mog. 1677, lib. 5. cp. 2. p. 594. D. sqq.; endlich unsere Abhandlung über Krates Gebet im Carlsr. Progr. des Jahres 1852, Lief. I. Anm. 36 auf S. 50: In der konservativen Geistesrichtung liegt, des Philosophen Maximus und seiner Freunde Einfluss auf ihn ausser Acht gelassen, der Schlüssel zur Erklärung ebensowohl von Aristophanes Abneigung gegen die Sokratiker, als von Julians Hinneigung zu denselben.

17) Vgl. Jul. ep. 7 p. 376. D.: διὰ γὰρ τὴν Γαλιλαίων μωρίαν, ὀλίγου δεῖν, ἅπαντα ἀνετράπη, διὰ δὲ τὴν τῶν θεῶν εὐμένειαν σωζόμεθα πάντες κ. τ. λ.; ferner ep. 13. p. 382. B., und ep. 52. ad Bostr. p. 438. C.; sowie Julien par M. l'abbé de la Bleterie, Par. 1775, p. 16, 26, 29 und 49: Julien ne se regarda plus que comme un prince appelé par les dieux, pour être le restaurateur de leurs autels; dann W. Teuffel in Pauly's Realencyclopädie, B. 4. S. 410, und Gibbon's Verfall und Untergang des römischen Weltreiches in J. Sporschil's Ausgabe, Leipz. 1837, B. 2. S. 716. N. d und S. 723; endlich D. Straussens Julian, Mannh. 1847, S. 31 und S. 65. Anm. 34 und 35, und, worauf wir jetzt schon verweisen, unsere im Manuscript enthaltene Abhandlung: Kaiser Julian, der Reaktionär, ein Märtyrer des alten Römerthums. Ein neuer Beitrag zur Beleuchtung einer alten Frage.

18) S. Ov. Fast., Lips. 1812, lib. 4. v. 255 sqq., T. Liv. Patav. hist., Stuttg. 1824, lib. 29. cp. 10, 11 und 14 vgl. mit Herodian. hist. lib. 1. ep. 11, und Jul. opp. I. I. or. 5. p. 159. B. sqq.

19) S. über Julian's Bemühungen für Hebung des Gottesdienstes zu Pessinus Jul. imp. opp. I. I. ep. 21. p. 388. C. sqq. und ep. 49. p. 431

Daneben bezweckte er wohl auch, wie es, wenn nicht erweislich, doch wahrscheinlich ist, der schon damals von den Christen hochverehrten Mutter Gottes, Maria (*Μαρία Θεοτόκος*) gegenüber [20]), der heidnischen Göttermutter (*Θεῶν μήτηρ*. S. Hom. Il. 15, 185 sq.), Cybele, durch Herstellung ihres alten, weit verbreiteten, im Morgen- und Abendlande sehr beliebten und prunkhaft-grossartigen Kultus daselbst zur Genugthuung der Heidenwelt sich anzunehmen [21]).

Cybele nämlich ist ihrem Wesen nach eins mit der kretischen Rhea [22]) und insofern auch die Begründerin der be-

---

D. sq.; ferner Liban. soph. opp. l. l. Paneg. in Jul. imp. p. 175, 12 sqq. und dessen Monod. in Jul. p. 225, 21 sqq.; dann Amm. Marcell. opp., Lips. 1808, vol. 1 lib. 22 cp. 9. §. 5, nebst Val. adnot. ad l. l. in vol. 2, p. 473 sq., womit noch Zos. hist. 3, 10. §. 7. p. 224. ed. Reit. verbunden werden mag; endlich unsere Abh. über Krates Gebet a. a. St. Lief. l. S. 5, 9 und 45. Anm. 23.

20) Für die Wahrscheinlichkeit dieser Annahme sprechen nicht nur Stellen anderer Schriftsteller, nach denen die übertriebenste Mariaverehrung im vierten Jahrhunderte und in der unmittelbar darauf folgenden Zeit weithin, zumal in Kleinasien, Syrien und Arabien, sich verbreitet hatte, sondern insbesondere auch solche, in denen Julian selbst den unter den Christen seiner Zeit gebrauchten Ausdruck *Μαρία Θεοτόκος* aufs heftigste sogar bekämpft. S. Epiph. episc. Const. contra 80 haereses opus, Lut. Par. 1612, haer. 79. p. 882 sqq.; ferner, worauf J. C. L. Gieseler in seiner Kirchengeschichte, Bonn 1827, B. 1. S. 516. bb. verweist, deren Benutzung uns jedoch bis jetzt noch versagt geblieben ist, F. Münter's Abh. de Collyridianis in den Misc. Hafn. t. 1. fasc. 2, Hafn. 1818, p. 153 sqq.; namentlich aber Jul. imp. in Cyr. Arch. Alex. opp., Lips. 1696, lib. 8. p. 262. D. und p. 276. E.: *Εἰ θεός, φησίν Ἰουλιανός, ἐκ θεοῦ καθ' ὑμᾶς ὁ λόγος· ἐστὶ καὶ τῆς οὐσίας ἐξήρυ τοῦ πατρός, Θεοτόκον ὑμεῖς ἀνθ' ὅτου τὴν παρθένον εἶναί φατε; πῶς γὰρ ἂν τέκοι θεὸν ἄνθρωπος οὖσα καθ' ἡμᾶς;*

21) Vgl. T. Liv. hist. l. l. lib. 29. cp. 14, und die höchst interessante Stelle in Herodiani hist. lib. 1. cp. 10—12; ferner Cic. opp., Tur. 1826, vol. 1, de harusp. resp. cp. 11—14; sowie L. Preller's griech. Mythologie, Leipz. 1854, B. 1. S. 404 ff.

22) Da Cybele's Verehrung zu der Pisistratidenzeit schon in Griechenland, und zwar, wie Julian in or. 5. p. 195. A—C. ed. Sp. bemerkt, zuerst in Athen bekannt geworden ist (s. Chr. A. Lobeck's Aglaoph. l. l. vol. 1. p. 659, und L. Preller's griech. Myth. a. a. O. B. 1. S. 410):

stehenden moralischen Weltordnung ($\dot{\eta}$ ζωογόνος καὶ προμηϑὴς ϑεός). Sie hatte als ϑεῶν μήτηρ, μήτηρ αὐτοῦ Διός oder auch, wie in Jul. opp. l. l. or. 5. p. 179. D gesagt wird, als ϑεῶν καὶ ἀνϑρώπων μήτηρ den Hauptsitz ihrer Verehrung zu Pessinus in Galatien (sonst Phrygien)²³). Der Name Cybele aber ist, wie man ihn im lebendigen Gefühle der Hoheit der Götter bei deren Cultus im Alterthume liebte, vieldeutig und daher vielfach auch gedeutet worden.

Da nach Arnobius die älteste Vor- und Darstellung der Cybele ein dunkelfarbiger Stein von grober Würfelform gewesen ist²⁴): so ist die Ableitung des Wortes Κυβέλη von

---

so wurden die kretische Rhea und die phrygische Cybele, wie sie dem Wesen nach eins sind*), auch frühe schon dem Namen nach zusammengeschmolzen. — In so feierlicher Weise der Gottesdienst der Cybele auch einst (205 v. Chr.) in Rom eingeführt worden war, wurde er doch, wie aus Dion. Halic. hist. 2, 19—21 zu ersehen ist, stets daselbst als ein fremder Gottesdienst betrachtet.

*) Πολλῶν ὀνομάτων μορφὴ μία. S. Aesch. Prom. v. 211 sqq. und G. Herm. adn. ad l. l. vol. 2. p. 71. ed. H.; ferner J. Overbeck's Beiträge zur Erkenntniss und Kritik der Zeusreligion, Leipz. 1861, S. 103 ff.

23) S. über die Göttin und deren Bedeutung, von Diod. Sic. bibl., Bip. 1793, vol. 2. lib. 3. cp. 57—59. p. 332 sqq. abgesehen, Jul. opp. l. l. or. 5. an verschiedenen Stellen, besonders p. 159. B. und p. 166. A. sqq.; Strab. Geogr., Lips. 1806, vol. 4. lib. 10. cp. 3. §. 12. p. 173— §. 14. p. 184, und L. Appul. opp., Par. 1688, Met. 8. p. 256 sqq. und 11. p. 362 sq.; ferner Macrob. Satt., Lugd. Bat. 1628, lib. 1. cp. 21. p. 255: Quis enim ambigat matrem deûm terram haberi? und Gibbon a. a. O. S. 703. Not. N, sowie F. Creuzer's Symbolik a. a. O., Bd. 2. §. 8. S. 364—389; endlich Fr. Creuzer's und G. Hermann's myth. Briefe, Heid. 1818, S. 148 ff.: „Jedes Volk scheint, wenn vom Ursprunge der Welt und der Dinge die Rede ist, zuerst von der Erde auszugehen. Diese rohe Volksansicht steigert dann der Weitersehende, der Priester, mehr und mehr bis zum Realgrunde alles Seins, wie die Philosophen nachher sprechen. So spricht aber nicht hohe Vorwelt und Priesterlehre. Sie sagt Mutter und Erdmutter. Das ist Μᾶ, die alte Bergmutter der phrygischen Hochgebirge, das ist die Erdfeste (oder gelehrter nachher der Erdkubus), die phrygische Κυβήβη."

24) S. T. Liv. Pat. hist. l. l. 29, 11. §. 7, und besonders Arnob. Afr. disp. adv. Gent. libr. 7., Lips. 1816, vol. 1. lib. 6. cp. 11. und lib. 7. cp. 46. p. 266 sq.: Lapis quidam non magnus, ferri manu hominis sine

κύβος (lat. cubus) zur Bezeichnung des Erdkubus, der Erde, welche man als den ruhenden und festen Punkt der Welt annahm [25]), wohl die wahrscheinlichste. S. darüber, die andern Ableitungen ausser Acht gelassen [26]), Herm. phil. irris. gent. phil., Oxon. 1700, p. 226, 15 sqq.; ferner J. Laur. Lydi de mensibus quae exstant exc., Lips. 1827, p. 128: *Λέγεται δὲ καὶ Κυβέλη ἀπὸ τοῦ κυβικοῦ σχήματος κατὰ γεωμετρίαν ἡ Γῆ διὰ τὸ βάσιμόν τε καὶ στάσιμον, εἰ καὶ σφαιρικὴν οἱ Στωϊκοὶ ταύτην ὁρίζονται*, womit noch G. Roeth. adnot. ad l. l. zu verbinden ist, und T. Lucr. Car. de rerum nat., Lips. 1821, lib. 2. v. 603—605; endlich G. Zeissens röm. Alterthumskunde, Jen. 1843, S. 479 f.: Der Name Cybele, griechisch (nach Herod. hist. l. l. 5, 102 phrygisch) auch *Κυβήβη*, hängt zunächst mit *κύβος* zusammen.

---

ulla impressione qui potest, coloris furvi atque atri, angellis prominentibus inaequalis, et quem omnes hodie ipso illo videmus in signo oris loco positum, indolatum et asperum et simulacro faciem minus expressam simulatione praebentem, womit noch als Belegstelle für des frommen Dichters Pindar Vorliebe zum Gottesdienste der Cybele und über deren nächste Veranlassung das Schol. in Pind. Pyth. 3. v. 137. p. 534. ed. H. verglichen werden mag.

25) Vgl. Hes. Carm., Goth. 1831, Theog. v. 117: *γαῖ' εὐρύστερνος, πάντων ἕδος ἀσφαλὲς αἰεὶ κ. τ. λ.* und Plut. opp. l. l. vol. 7. de or. def. cp. 43. p. 706.

26) Eine andere ansprechende Ableitung ist der Oertlichkeit, einer Bergkuppe bei Pessinus, entnommen. S. darüber unter den älteren Erklärern Diod. Sic. bibl. hist., Bip. 1793, vol. 2. lib. 3. cp. 57. p. 333, und Strabo in seiner Geogr. vol. 4. lib. 10. cp. 3. §. 12. p. 174, sowie vol. 5. lib. 12. cp. 5. §. 3. p. 182. ed. Tsch., womit unter den Neueren auch L. Preller in seiner griech. Mythologie, Leipzig 1854, B. 1. S. 404 f. übereinstimmt; ferner F. Nork's etym. symb.-myth. Realwörterbuch, Stuttg. 1843, B. 1. S. 373: Cybele (*Κυβέλη*), die Mutter vom Berge, ist Personifikation der Erde.